Carl Ludwig Sigmund

Uebersicht der bekanntesten zu Bade- und Trinkkuranstalten benützten Mineralwässer Siebenbürgens

Nach den neuesten chemischen Analysen und ämtlichen Erhebungen in den Jahren 1858 und 1859

Carl Ludwig Sigmund

Uebersicht der bekanntesten zu Bade- und Trinkkuranstalten benützten Mineralwässer Siebenbürgens
Nach den neuesten chemischen Analysen und ämtlichen Erhebungen in den Jahren 1858 und 1859

ISBN/EAN: 9783743496972

Hergestellt in Europa, USA, Kanada, Australien, Japan

Cover: Foto ©Andreas Hilbeck / pixelio.de

Weitere Bücher finden Sie auf **www.hansebooks.com**

Uebersicht

der bekanntesten

zu Bade- und Trinkcuranstalten benützten

Mineralwässer Siebenbürgens.

Nach

den neuesten chemischen Analysen und ämtlichen Erhebungen

in den Jahren 1858 und 1859.

Herausgegeben und eingeleitet

von

Dr. Carl Ludwig Sigmund,

a, Professor der Medicin an der k. k. Universität und Primararzt am allgem. Krankenhaus in Wien, Commandeur des k. spanischen Isabellenordens und Besitzer des k. osmanischen Medjidiéordens, Mitglied der medicinischen Facultät u. a. g. G.

Wien, 1860.
Wilhelm Braumüller,
k. k. Hofbuchhändler.

Inhalt.

leitung.

	Seite
Allgemeine *topographische* Bemerkungen	1
Klimatische Verhältnisse	3
Warme Quellen	4
Kalte Quellen	4
*Gas*ausströmungen	5
Schwefelwässer, *Reps*	6
Versendung der Quellen	8
Soolenbäder, *Baassen*	9
Einrichtungen der Curorte	10
Mängel in den Curorten	11
Bemerkungen über einzelne *Curmittel*	12
Wissenschaftliche Kenntnisse von den Quellen	13
Literatur der Quellen	14
Aufgabe der neuen Literatur	15

Uebersicht der Curorte und Mineralwässer.

mannstädter Kreis	17
1. *Salzburg*	17
2. *Baassen*	21
nstädter Kreis	26
3. *Zaizon*	26
4. *Elöpatak*	30
5. *Kovászna*	35

	Seite
Udvarhelyer Kreis	39
6. *Borszék*	39
7. *Kászon-Jakabfalva*	45
8. *Homród*	47
9. *Tusnád*	49
Maros-Vásárhelyer Kreis	51
10. *Korond*	51
Bistritzer Kreis	54
11. *Rodna*	54
Dééser Kreis	59
12. *Stoiko lva*	59
13. *Kis-Czég*	61
14. *Kerö*	63
Szilágy-Somlyóer Kreis	65
15. *Zovány*	65
Karlsburger Kreis	67
16. *Tür*	67
17. *Al-Gyógy*	69
Brooser Kreis	71
18. *Alsó-Vútza*	71
19. *Kis-Kalán*	73
Alphabetisch geordnetes Register	75

Einleitung.

Von den siebzehn Curorten Siebenbürgens, welche unter der Aufsicht und dem Schutze der Landesregierung bestehen, liegen im Hermannstädter Kreise zwei: *Salzburg* und *Baassen*; — im Kronstädter drei: *Zaizon, Elöpatak, Kovászna*; — im Udvarhelyer vier: *Borszék, Kászon-Jakabfalva, Homród* und *Tusnád;* im Maros-Vásárhelyer einer: *Korond;* — im Bistritzer einer: *Rodna;* — im Déeser zwei: *Stoikafalva, Kerő;* (*Kis-Czég* ist kein eigentlicher Curort, auch nicht unter besonderer Aufsicht); im Szilágy-Somlyóer einer: *Zovány;* — im Karlsburger zwei: *Tür, Al-Gyógy, Alsó-Vátza;* (*Kis-Kalán* hat weder Einrichtungen noch Aufsicht). Von den zehn Kreisen, in welche Siebenbürgen (seit dem Jahre 1854 neu) eingetheilt wurde, besitzt daher nur der Klausenburger noch keinen ämtlich hervorgehobenen Curort, obwohl auch hier Mineralwässer nicht fehlen. Ausser den genannten siebzehn gibt es im Lande zerstreut noch einzelne, aber weniger beachtete Curorte, so z. B. *Reps, Thorda, Lövete, Kéruly* u. a. m. Von den gegenwärtig bestehenden Curorten lässt sich überhaupt kein giltiger Schluss auf Zahl, Vertheilung und Werth der Heilquellen des Landes jetzt schon ziehen: sind auch die meisten dieser Curorte entstanden und gewachsen, weil ihre Curmittel zunächst und vorzüglich ihre Heilquellen bedeutenden Werth haben, so ist doch ein sehr grosser Theil der Quellen des Landes noch gar nicht, ein anderer aber nur sehr wenig bekannt und eine bedeutende Zahl als werthvoll bezeichneter Wässer liegt, noch schwer zugänglich für den Verkehr oder unwirthbar für die Unterkunft, unbenützt da. Endlich mangeln auch, wo die Quellen leicht zugänglich wären, häufig die gastlichen Einrichtungen an denselben, zumal bisher fast nur einheimische Besucher den Curorten zusprechen und die Verbindungen im Lande selbst, sowie mit dem Auslande oft noch sehr viel zu wünschen übrig lassen. Allerdings hat auch die Natur Siebenbürgen durch hohe, bewaldete Gebirgsketten vielfach von den — ohnehin meistens auch nicht stark bevölkerten — angrenzenden Ländern abgeschieden. Schon in der nächsten Zeit wird jedoch diese, durch ihre Geschichte, ihre Bewohner und ihre Naturschätze vielfach merkwürdige, Cultur-Oase mit den ungarischen Eisenbahnen in Verbindung treten und damit in den grossen europäischen Verkehr einbezogen werden. Der fremde Besucher wird dann nicht wenig erstaunen über die grossartigen und mannigfaltigen Schönheiten des Landes, über die scharf nebeneinander entgegentretende Mischung der Raçen seiner Bevölkerung, über die augenfälligen Wahrzeichen urwüchsiger Wildheit und classischer Bildung, über die häufig schroffen Gegensätze moderner Wandlungen zu den felsenfesten Resten gesunder bürgerlicher und rein menschlicher Entwicklung, welche sammt ihrer Verstümmelung noch in zäher Ausdauer die beredtesten Zeugen ihres Werthes, die lehrreichsten Wegweiser für neue Einrichtungen abgeben. —

Für die Abschätzung des allgemeinen Werthes der Curorte des Landes erscheint dessen Lage von wesentlicher Bedeutung: Siebenbürgen ist nämlich ein von den Karpaten umzogenes und mehrfach durchsetztes, wald- und wiesenreiches Hochland; seine tiefste Senkung beträgt etwa 550' über dem adriatischen Meere, im Südwesten (*Ausfluss der Maros nach Ungarn*); seine höchste Erhebung aber 8046' (Berggipfel *Negoi*, südlich von *Kerzeschoare*, im Fogarascher Karpatenzuge). Die mittlere Höhe der Thäler steht daher weit über jener der benachbarten Ebenen Ungarns, der Walachei und der Moldau (etwa um 1100—1300 Wiener Fuss mehr). Einige Curorte befinden sich nun theils in solchen Thälern, theils auch viel höher; einzelne, wie *Borszék* (2385'), so hoch über der Meeresfläche, dass eine solche Lage, welche natürlich eine besondere klimatische Eigenthümlichkeit bedingt, wesentlich mit in Anschlag zu bringen ist; selbst bei dem tiefer, etwa (1700' hoch über dem Meere) gelegenen *Zaizon* muss dieser Factor wesentlich in Betracht gezogen werden.

Mit wenigen Ausnahmen haben die Curorte Siebenbürgens ein gemässigtes, einzelne wie *Baassen, Al-Gyógy* und *Alsó-Vátza* sogar ein sehr mildes Klima *) und fast alle eine freundliche, durch reiche, in Norden und Nordosten aus dichtem Nadelgehölze gebildete, Vegetation begünstigte Umgebung, wodurch sie zu gesunden Aufenthaltsorten, sowie zu mannigfachen Bewegungen im Freien sich eignen. Dennoch sind die meisten für Curbesuche wohl nur in den Sommermonaten und dem Herbstanfang zu empfehlen; die im Norden und Nordosten gelegenen Curorte im Hochgebirge (im Udvarhelyer und Maros-Vásárhelyer Kreise) können nur im Hochsommer besucht werden und auch in diesem muss man den kalten Morgen und den sehr kühlen Abenden, sowie manchen plötzlichen Schwankungen des Wetters Rechnung tragen, wie das indessen bekanntlich in allen Curorten des Hochgebirges, auch in Mittel-Europa und in den Pyrenäen der Fall ist. Die Bemerkung scheint mir auch hier am Platze, dass Siebenbürgen mit Unrecht als Malariagegend verrufen wird; offenbar hat man Ungarn überhaupt, zumal den nahen Téméser Banat und die Theisslandschaft, mit Siebenbürgen zusammengeworfen, wo Wechselfieber verhältnissmässig eben nicht häufig vorkommen.

---

*) Ueber die klimatischen Verhältnisse der Curorte wären planmässige Beobachtungen nach und nach zu sammeln; mit allgemeinen Uebersichten und Durchschnitten ist nicht gedient; zu solchen Beobachtungen wären die Vorschriften der k. k. Wiener meteorologischen Reichsanstalt genau zu behalten.

Die wärmste Heilquelle Siebenbürgens (alkalisch-erdige und salinische Quellen) erreicht + 30⁰ R. nicht *(Alsó-Vátza* hat 27⁰ und 29⁰ R., *Al-Gyógy* nur 25⁰ R. und *Kis-Kalán* bloss 24⁰ R.), die Temperatur der als warm bezeichneten Quellen in *Héviz, Bábolna* und *Kis-Rapolt*, sowie in *Tusnád* muss erst näher ermittelt werden. Die Zahl der bis jetzt bekannten warmen Quellen ist, gegenüber der grossen Masse kalter überhaupt, nur eine geringe und von diesen sind nur zwei zu Curorten benützt *(Al-Gyógy* und *Alsó-Vátza);* dass keine warmen Schwefelwässer *(Al-Gyógy??)* gefunden werden, fällt auf, wenn man einen Blick auf die Nähe von Mehadia in Südwesten und auf den noch nicht ganz erloschenen vulkanischen Krater *Büdös* im Osten des Landes wirft.

Unter den kalten Wässern sind in dem, von mächtigen Salzstöcken durchzogenen und das Steinsalz, hie und da (so bei *Szováta* und *Parajd)* offen zu Tage liegend oder nur leicht mit Dammerde gedeckt (an sehr vielen Orten), bietenden Lande die kochsalzhältigen wohl am häufigsten; Herr Dr. Czekelius (Verhandlungen des siebenbürgischen Vereins für Naturwissenschaft, V. Band, S. 39) zählt deren 593 auf, neben welchen auch Salz in Teichen, Mooren und Sulzen („Salsen," „Letten") häufig vorkommt. Der Gehalt der bekannten Kochsalzwässer an Kochsalz wechselt natürlich sehr und erhebt sich bis zu 30 Percent. 192 Quellen sind für die häuslichen Zwecke gefasst und Bäder bereitet man an den Salzteichen zu *Salzburg, Thorda, Szamosfalva, Sós-Szent-Márton* und *Rohrbach*. — Wenn nicht alle, so doch bei weitem die meisten Kochsalzwässer führen bekanntlich auch Jod- und Bromverbindungen; die neueren Analysen von *Salzburg, Baassen, Rohrbach* [*]) u. a. m.

---

[*]) *Rohrbach* wurde im Jahre 1847 und 1852, im Auftrage des h. Finanzministeriums, von Seite der Wiener medicinischen Facultät (1852, Hr. Dr. Striech) untersucht, und es fanden sich in 16 Unzen 171,8 Gran feste Bestandtheile; die blos qualitative Analyse gibt an:

bestätigen dasselbe, während begreiflicher Weise bei den älteren Analysen davon nichts gefunden werden konnte. Die Bedeutung des Jods und Broms für die zahlreichste Gruppe von Krankheitsformen wird wohl bald den Anlass zu genauen Untersuchungen der Kochsalzwässer bieten.

Nach den Kochsalzquellen kommen an Häufigkeit der Zahl die alkalischen und eisenhältigen Säuerlinge, über welche eine auch nur annäherungsweise richtige Angabe fehlt. Man irrt gewiss, wenn man alle mit geruchloser Gasentwickelung aufsteigenden Quellen unter die kohlensäurehältigen rechnet, ebenso wie die Schwefelgeruch bietenden Wässer desshalb allein nicht unter die wirklich Schwefelwasserstoffgas führenden zu rechnen sind; die genauere chemische Analyse hat bereits die Annahme solcher Art widerlegt (bei *Baassen, Kovászna, Borszék, Al-Gyógy* u. s. w.) und wird überhaupt mehr Belehrung über Art, Menge und Beziehungen der Gase liefern. Bis solche Arbeiten vorliegen, werden auch Angaben über die auffallend grossen Mengen von Eisen, welche z. B. bei *Kászon-Jakabfalva, Zaizon, Baassen* aufgeführt sind, mit einiger Vorsicht aufzunehmen sein, so lange nicht ausführliche Analysen vorliegen, bei denen der

---

Chlornatrium als Hauptbestandtheil,
Jodnatrium (Jod 0,00209 in 10,000 Theilen),
Brom (Spuren),
Kohlensauren Kalk, eine bedeutende Menge,
Chlormagnesia
Kohlensaure Magnesia
Kohlensaures Eisenoxydul   } eine geringe Menge,
Kohlensaures Manganoxydul
Schwefelsaures Natrum
Phosphorsaure Thonerde   } eine sehr geringe Menge.
Kieselerde
Specifisches Gewicht bei $+ 12^{o}$ R. $= 1,011$.

Der Bodensatz: Kohlensauren Kalk, Eisenoxydul in bedeutender Menge, Kohlensaures Manganoxydul, Phosphorsaure Thonerde, Kieselerde eine geringe Menge, Organische Substanzen — Einrichtung von regelmässigen Curanstalten u. dgl. fehlen noch in *Rohrbach*. Die Quelle verdient volle Beachtung.

Gang derselben controlirt werden kann. Als überaus reich an
Kohlensäure werden nicht wenige Quellen hervorgehoben;
obenan *Borszék*, *Kovászen*, *Rodna*, *Kászon-Jakabfalva*, *Homród*, *Zaizon* u. a.; für besondere Benützung dieser Gasausströmungen ist noch verhältnissmässig wenig gethan.

Kalte Schwefelwässer zählt man verhältnissmässig
nur wenige, auch sind sie nicht genauer untersucht, ob ihr
Gehalt an Schwefelwasserstoffgas oder an schwefeligsaurem
Gase diese Benennung rechtfertigt; *Reps* *), *Sibo* (s. S. 7)
(führt salz- und schwefelsaures Natron), *Szombatfalva* und
Szejke (bei Koroud) gehören wohl in die erste Gruppe; keine
dieser Quellen hat eine höhere Temperatur als $+ 11^0$ R.
Schwefelsaures Gas sollen enthalten: *Lázárfalva*, *Sombor* bei
Torja, *Bugyogó* bei *Málnás* (alle drei um den Berg Büdös
herum).

Alaunquellen werden mehrere aufgeführt um den Büdös herum (nicht untersucht) und bei *Szilágy-Somlyó*, von
denen die bekannteste jene von *Zovány* ist (S. 35).

Ganz besonders bemerkenswerth sind noch die *an schwe-*

---

*) Die zu den Bädern benützte kalte Schwefelquelle in *Reps* (hübscher, deutscher Markt mit 2641 Einwohnern im Kronstädter Kreis), hat eine Temperatur $= + 6—9^0$ R. und $1·0204$ specifisches Gewicht. Herr Dr. Schwarz gibt die neue Analyse des Herrn Heinrich Müller in 16 Unzen:

Kohlensäure	0·145 Gr.
Thonerde	Spuren
Eisenoxydul und Phosphorsäure	1·145
Schwefelsaurer Kalk	2·334
Chlorcalcium	2·104
Chlormagnium	2·088
Chlorkalium	25·136
Chlornatrium	168·476
Kohlensaurer Kalk	3·072
Kohlensaures Magnesia	3·901

Summe der festen Bestandtheile . 207·701
Freie Kohlensäure gerade nur die zur Bildung der Bicarbonate erforderliche Menge. Schwefelwasserstoffgas an der Quelle, nach Apotheker Ed. Melas, 2·098 Gr.

fel- und kohlensauren Gasen überaus reichen Ausströmungen aus dem nahe der östlichen Landesgrenze unweit Kézdi-Vásárhely liegenden Berge *Büdös*; in seiner Umgebung gehen zahlreiche Quellen auf, und die Werkstätte der Natur, in welcher Kohlenstoff, Schwefel und Chlor, durch die Lagerungsschichten zu Tage gehend, Verbindungen zu Säuren und Salzen bilden, liegt hier beinahe offen da, an und in diesem noch nicht ganz ausgebrannten Krater; ausgebrannt ist der das Becken des *Annensees*, westlich von Büdös, bildende Krater, am nördlichen Ende des Háromszéker Gebirges. Die Verdampfung von Schwefel ist in der Höhle des *Büdös*, so gross, dass die Wände schichtenweise mit krystallinischem Schwefel sich bedecken, und die hier und da noch aus verschiedenen Spalten hervordringenden Schwefeldämpfe sind so reichlich, dass man den Berg eine halbe Stunde weit riecht.

Stickstoff soll in den Quellen von *Kovászna* vorkommen; genaue Untersuchungen fehlen noch.

Sobald die Jodquellen in Zahl und Zusammensetzung, namentlich in Beziehung auf den Jod- und Bromgehalt, besser gekannt und genauer untersucht sind, werden sie auch eine wesentliche Bereicherung des Heilschatzes bilden, vorläufig sind *Zaizon* und *Baassen* allein hervorgehoben.

Als Bitterquellen kennt man erst: *Kis-Czég, Mócs, Ölves, Kerő, Kis-Sármás, Novály* und *Tür*. Gewiss ist deren Zahl grösser und neuere Untersuchungen der bisher so gut als gar nicht gekannten *Bitterwässer* sind wohl ihrer mehrfachen Wichtigkeit halber dringend angezeigt *).

Nicht so viel Glaubersalz enthält die Quelle zu *Sibo* (Bezirk Zilah, Kreis Srilágy-Somlyó), um unter die eigent-

---

*) Die Untersuchung aller Bitterquellen ist nämlich veraltet und unzuverlässig; ausser *Tür* (Uebersicht Seite 67), *Kis-Czég* (Uebersicht Seite 61), *Novály, Mócs* (alle drei im Bezirke Mócs, Déeser Kreises), verdient *Ölves* (Nagy-Ölves im Bezirke Tekendorf, Bistritzer Kreises) Berücksichtigung, da es wider-

lichen *Bitterwässer* gerechnet zu werden; dagegen viel Kochsalz und sehr viel Schwefelwasserstoffgas; die Analyse von Pataki gibt in 16 Unzen:

Schwefelwasserstoffgas	24·57 Gr.
Kohlensaures Gas	3·48
Salzsaures Natrum	90·10
Schwefelsaures Natrum	81·92
Kohlensaurer Kalk	1·08
Kohlensaures Magnesia	3·06
Eisenoxyd	0·10

Temperatur $+11^0$ R.

Für die Versendung eignen sich zunächst und am allgemeinsten Bitter- und Glaubersalzwässer, bisher scheint man von denselben, mit Ausnahme von *Tür*, einen sehr geringen Gebrauch gemacht zu haben. Die vielseitigen Verwendungen dieser Wässer im Lande und die Ausfuhr derselben, besonders in die benachbarten östlichen Provinzen, kann den Betreffenden nicht warm genug empfohlen werden; ich habe das Pülnaer und Seidschützer Wasser in der Türkei, in Kleinasien und Egypten als Handelsartikel, sehr häufig auch in der Walachei und Moldau gefunden, und sehe gar keinen Grund, warum die siebenbürgischen Wässer von *Kis-Czég*, *Tür*, *Ölves*, *Kerő* u. a. m. nicht ganz in gleicher Weise versendet werden könnten. Allerdings würde man mir entgegnen, dass hieran nicht zu denken sei, so lange noch die ungarischen Ofner, Ivándaer, Alaper u. dgl. m., neben den noch entlegeneren böhmischen Bitterwässern in Siebenbürgen selbst reichliche Abnahme finden. Eine ähnliche Bemerkung gilt von den jod-bromhältigen Wässern, namentlich der baierischen Adelheidsquelle und dem Haller Jodwasser, welche in Siebenbürgen eingeführt werden, während *Zaizon* und *Baassen* sogar höhern Werth besitzen und sich

---

licher als die meisten Bitterwässer schmeckt, und schon die ältere Analyse von Pataki sie bemerkenswerth macht; sie enthält in 16 Unzen: Kohlensäure (unbestimmt), kohlensauren Kalk wenig, kohlensaure Magnesia $3^1/_4$ Gran, schwefelsaure Magnesia fast 113 Gran, salzsaures Natrum wenig.

zur Versendung besser eignen. Befremden wird den Fachmann auch die Vernachlässigung der *Elöpataker* Wässer gegenüber namentlich dem Marienbader Kreuz- und Ferdinandsbrunnen, welcher erstere insbesondere häufig in Siebenbürgen getrunken wird. — Die Versendung des *Borszéker* Sauerbrunnens hat sich in der neuesten Zeit auf die Ziffer von mehr als zwei Millionen Flaschen jährlich gehoben; aber es gibt noch eine grosse Zahl von Säuerlingen, welche für dieselbe eben so gut sich eignen, und wenn auch aus den Quellen von *Kéruly, Lövete, Homród, Korond, Rákos, Rodna, Kovászna* u. s. w. tausende von Flaschen alljährlich weggeführt werden, so steht diese Verwerthung noch in gar keinem Verhältnisse zu den Vorzügen, welche diese gasreichen, auch als Luxusgetränk sehr angenehmen, Wässer besitzen, und mit welchen nur passende Absatzwege für ihren Vertrieb, besonders nach den östlichen Provinzen, zu suchen und zu finden sind. Die Hebung und Steigerung der Versendung solcher, ohnedies in ungeheuren Mengen werthlos abrinnenden, Wässer verdient die emsigste Rücksicht von allen Seiten, zumal in einem so geldarmen und an den Bezug ausländischer Erzeugnisse so vielfach gewiesenen Lande wie Siebenbürgen.

Wenn ich eben der Versendung das Wort nicht warm genug reden kann, bin ich weniger als viele Andere der Meinung, dass man jetzt schon auf die Vermehrung der Curorte zu grosse Kosten verwende, und die gerade nicht reichlich vorhandenen Mittel versplittere und in Particular- und Personalinteressen sich verfahre. Es scheint mir zweckmässiger, jenen Curorten allein, deren Curmittel wirklich bedeutsam sind, die vorzüglichste Aufmerksamkeit zuzuwenden, und sie mit allen gegebenen Mitteln zu heben, insbesondere auch den ausländischen Curgästen nützlich und angenehm einzurichten. *Borszék, Rodna, Baassen* *), *Elöpatak, Zaizon, Salzburg, Al-Gyógy*

---

*) Als Zusatz zu den ämtlichen Mittheilungen (Seite 21) diene über den lange nicht genügend gewürdigten Curort *Baassen* scheinen als diejenigen Curorte bezeichnet, welche in diesem Sinne auszustatten wären. Die Landesregierung hebt mit rühmenswerther Offenheit die bestehenden Mängel hervor, zeigt aber auch eine ebenso anerkennenswerthe Bereitwilligkeit die-

noch Folgendes: Herr Stenner („Die Heilquellen von *Baassen*", Kronstadt 1846, Seite 10 u. s. f.) spricht von sechs, dagegen Herr Bielz (Landeskunde Siebenbürgens 1857, S. 414) von acht Bassins; von welchen nach Bielz in der nächsten Umgebung des Badehauses fünf *(Ferdinandsbad, Kirchenbad, Sigmundsquelle, Bettlerbad* und ein *ungenanntes)* gelegen sind. — Herr Dr. Kräger (Stenner's Abhandlung Seite 28) stimmt mit den Seite 23 gelieferten Empfehlungen Baassens als Heilmittel überein; was seiner Zeit (Stenner Seite 21) Dr. Joseph Sigmund, „ein wissenschaftlich gebildeter und berufstreuer Förderer der Heilschätze Baassens", zur bessern Würdigung der Quellen und zum gedeihlichen Emporkommen des Curortes gethan hat, findet auch jetzt an den Aerzten der Umgebung thätige Nachfolger. Herr Dr. Binder in Mediasch empfiehlt *Baassen* besonders bei Scrofulose (innerlich und äusserlich) und beim Kropf, bei Infarcten der Mesenterialdrüsen, bei chronischem Katarrh der Schleimhäute, des Athmungs- und Verdauungsapparates, der Urinwerkzeuge, bei Milzschwellungen, bei chronischer Metritis und Exsudaten rings um den Uterus, sowie in serösen Häuten (Rippenfell, Bauchfell, Knochenhaut); ferner bei Hydrargyrose, veralteter Syphilis, Gicht und chronischem Rheumatismus. Nach traumatischen Verletzungen begünstigen die Baassener Bäder die Aufsaugung in ausgezeichnetem Grade (Anchylose, Contracturen u. s. w.), wirken insbesondere kräftig auf die Musculatur nach lange bestandenen Verrenkungen und Knochenbrüchen. — Von den Ausschlägen eignen sich die Schuppenflechten, besonders Eczema rubrum, der sogenannte Salzfluss, das Cloasma hepaticum u. a. m. — Gegenangezeigt erklärt Herr Dr. Binder *Baassen* bei allgemeiner Schwäche nach erschöpfenden Krankheiten, besonders bei Neigung zu Blutungen der Lunge und der Gebärmutter; dann in den ersten Schwangerschaftsmonaten und zur Menstruationszeit. — *Baassen* hat in neuester Zeit mehrere Verbesserungen gewonnen. (S. Seite 23.) Man hofft zuversichtlich, dass auch die vorsichgehende Bohrung auf süsses Trinkwasser vollkommen gelingen werde. Das der Erde reichlich entströmende Sumpfgas wünscht Dr. Folberth zur Erwärmung des Badewassers benützt zu sehen, und es ist schwer begreiflich, weshalb die Anträge dieses tüchtigen Sachverständigen nicht sogleich praktisch geprüft werden, indem mit dieser Erwärmungsweise ein namhaftes Ersparniss erzielt werden könnte.

selben zu beseitigen und die besseren Einrichtungen zu fördern; es ist offenbar in den letzten zehn Jahren weit mehr als in allen früheren für das Emporkommen der Curorte geschehen, und es liegt gerade dadurch auf der Hand, dass die Besitzer und nächsten Anwohner der Curorte oder Curmittel, gewöhnlich der Quellen, auch diejenigen sind, welche bei dem Emporkommen der Curorte am meisten leisten, zugleich aber auch am meisten gewinnen können.

Obenan unter den Mängeln stehen die Wohnungen; die Klage über Zahl und Beschaffenheit derselben wiederholt sich übrigens nicht nur in Siebenbürgen, sondern auch in manchen der gesuchtesten Curorte in den übrigen Provinzen Oesterreichs; wer beispielsweise selbst Ischl, Gastein, Hall u. a. m. besucht hat und nicht blos die einzelnen neuen, schönen und bequemen Häuser ins Auge fasst, oder wer überhaupt den Zustand dieser Curorte vor wenigen Jahren gekannt hat, wird billiger über jene Siebenbürgens urtheilen. Die Landesregierung so wie die Besitzer der Curorte können die Baulust steigern, wenn den Bauunternehmern Befreiungen von Lasten und nöthigenfalls zinsenlose Vorschüsse gewährt werden, ein Vorgang, mit welchem neuerlich im Königreiche Sachsen viel Erspriessliches geleistet worden ist.

Auf angenehme Einrichtung in den Häusern und Curorten (Säle, Wandelbahn, Promenaden), Mittel zur Zerstreuung, so wie auf Gelegenheit zu körperlicher Bewegung im Freien aller Art soll in Curorten ganz besonders Sorge getragen werden; in allen diesen Dingen liegt häufig das Heilmittel selbst, theils aber erhöhen und bedingen sie wesentlich die Wirkung der Cur an den Mineralwässern. Mit wenigen Ausnahmen hat die Natur sehr viel gethan, um mancherlei zweckmässige Vergnügen den Curgästen zu bieten; die hinweisende, ordnende und regelnde Hand fehlt jedoch oft, und in dieser Beziehung sollte man den Rathschlägen der Aerzte, namentlich in den Curorten *Al-György*, *Rodna*, *Alsó-Vátza*, *Baassen*, *Borszék*,

Kovászna Folge leisten. Die Curtaxe sollte hauptsächlich für diesen Abschnitt der Ausgaben verwendet werden, indem der Curgast die übrigen Bedürfnisse ohnehin bezahlt.

Dass die vorhandenen Curmittel in den Curorten selbst weit reichhaltiger und vielfacher benützt werden könnten, als es geschieht, beobachtet man auch in Siebenbürgen; so sind Moore und Gase noch wenig und unzureichend (*Borszék, Kászon-Jacabfalva, Elöpatak, Kovászna* u. a. m.) verwendet; so fehlen noch Schwimmbäder selbst an Orten, wo grosser Ueberfluss an Wasser vorhanden ist; so Kiefernadelbäder und so vor Allem auch zweckmässige Einrichtungen für Molken- und Traubencuren. Molken wurden in *Zaizon* bereitet, aber es scheint (S. 30) diese Bereitung auch hier auf unbestimmte Dauer unterbrochen zu sein. Für eine zweckmässige Molkencur ist jedoch eine mit Sachkenntniss und Genauigkeit geleitete eigene Unternehmung nothwendig, und die meisten Curorte in den Gebirgen Siebenbürgens bieten dazu treffliche Gelegenheit. Die noch vielfach verbreitete Ansicht, der nächste Apotheker oder gar die Köchin des Hauses vermöge die Molken aus der ersten besten herbeigeholten Milch einer Kuh, eines Schafes oder einer Ziege zu bereiten, muss von den der Sache besser kundigen Aerzten ganz entschieden zurückgewiesen werden. Wir wünschen vorzüglich *Zaizon, Borszék, Rodna* und *Koroud* die wärmste Berücksichtigung des eben Gesagten, zumal namentlich Schaf- und Ziegenmolken, auf welche letztere besonderes Gewicht zu legen wäre, dort leichter als sonstwo erzeugt werden können. Molken aber sind für weit mehr Sieche und Curgäste ein selbstständiges oder ein unterstützendes Curmittel, als man gemeinhin annimmt.

Für Weintraubencuren wäre in dem freundlichen *Baassen*, so wie in dem nahen lieblichen *Mediasch* die trefflichste Gelegenheit schon dargeboten. Die Lage, das Klima und die Verbindungen dieser beiden mit den edelsten Weintraubensorten reichlich ausgestatteten Orte, die mannigfachen

Vorzüge insbesondere *Mediaschs*, welches in seinen hübschen auch im Spätherbste wohnlichen, Häusern bei seinen, eben so heiteren und gemüthlichen als gebildeten und umgänglichen Bewohnern Unterkunft, und in so wie ausser der Stadt vielfache Mittel zur Zerstreuung und Erholung gewährt, eignen dieselben vorzugsweise zu Weintraubencurorten, wie man solche jetzt am Rhein, am Neckar und Main mit so grossem Erfolge eingerichtet und benützt sieht.

Dass Siebenbürgen keine Kaltwasser-Heilanstalt besitzt, wird nur denjenigen befremden, welcher nicht weiss, dass solche nur in der Nähe von oder in leichtem Verkehre mit grossen Bevölkerungen gedeihen können. Sind auch alle Bedingungen, namentlich aber die fördersamsten klimatischen, für eine Kaltwasser-Curanstalt vorhanden, so gehört auch noch die verständige Leitung dazu, welche eben das Talent nur weniger Männer ist; denn erfahrungsgemäss gedeihen selbst in dichter bevölkerten, vielbesuchten Landstrichen nur jene Anstalten, welche bei übrigens günstigen Curmitteln von sehr tüchtigen Aerzten oder — grossen Charlatanen geleitet sind.

Für die nähere wissenschaftliche Kenntniss der siebenbürgischen Mineralquellen haben in neuester Zeit die Chemiker eine erfreuliche Thätigkeit entfaltet; die Herren Schnell, Stenner und Folberth kommen bei den Analysen der Quellen als die häufigsten Analytiker vor, und insbesondere hat Herr Phil. Dr. Folberth (in Mediasch) durch zahlreiche, den ganzen Gang seiner Analysen wiedergebende Arbeiten warme Anerkennung verdient. In dem Archiv des Vereins für siebenbürgische Landeskunde (Erste Folge, Hermannstadt 1845. Neue Folge, Kronstadt 1853 u. s. f.) finden sich, namentlich in der letzten, fast alle bisher veröffentlichten periodischen Arbeiten über die Mineralquellen, so wie über naturwissenschaftliche Erforschung Siebenbürgens überhaupt vor, und der viel umfassende L. A. Bielz hat in seiner trefflichen Landeskunde (Hermannstadt, 1857) fast alles vom naturwissenschaftlichen Standpunkte Bekannte wenigstens übersichtlich vereinigt.

Es unterliegt keinem Zweifel, dass die, sich jetzt aller Orten entfaltende, regere Thätigkeit auf dem Gebiete der Naturwissenschaften auch unseren Quellen ganz besonders zu Gute kommen wird, und in dieser Hinsicht erwarten wir von der neuerlichen Bereisung des Landes durch die Herren Baron v. Richthofen, Ritter v. Hauer und Bielz manches Interessante; ferner auch die Fortsetzung *meteorologischer und klimatologischer* Beobachtungen, wie sie im Archive begonnen sind. Herrn Dr. Knöpfler's *geognostisch-balneologische Uebersichtskarte des* Grossfürstenthumes *Siebenbürgen* (Wien, 1856) und *geognostisch-balneologische Skizzen* (im amtlichen Bericht der XXXII. Versammlung deutscher Naturforscher und Aerzte, Wien, 1858, S. 78 u. ff.) wird durch die neueren Forschungen mannigfache Ergänzung und Berichtigung gewinnen.

Die älteren Aerzte *Siebenbürgens* haben über die *Quellen des Landes* verhältnissmässig nur wenig veröffentlicht; in der bekannten Sammelschrift „Gesundbrunnen der österreichischen Monarchie" (Wien, 1777) des Herrn von Crantz finden sich die Namen der ihm durch siebenbürgische Aerzte bekannt gewordenen Mineralwässer (S. 202—232); man kann diesen wissenschaftlich sonst ganz unerheblichen Abschnitt höchstens aus historischen Gründen erwähnen. — L. Wagner (*Dissertatio inaug. med. chem. de aquis medicatis Transylvaniae*, Wien, 1783), — J. Barbenius (Chemische Untersuchung einiger merkwürdiger Sauerbrunnen des Székler Stuhls Háromszék, Hermannstadt, 1792), — J. Nyulas (Chemische Untersuchung der Mineralquellen Siebenbürgens, ungarisch, 3 Bände. Klausenburg, 1800), — A. Gergelyfi *(De aquis et thermis mineralibus terrae Siculorum Transylvaniae,* Hermannstadt, 1811, und *Analysis quarundam aquarum mineralium M. P. Transylvaniae,* Klausenburg, 1814) können ganz entbehrt werden von dem Besitzer der Schrift von S. Pataki *(Descriptio phy-*

sico-chemica aquarum mineralium M. P. Transylvaniae jussu E. R. Gub. in compendium redacta, Pest, 1820), welche S. Bélteki *(Conspectus s. p. aqu. min. Transylvaniae*, Wien, 1818) bereits im Manuscript benützt zu haben scheint, weil bei beiden wörtliche Uebereinstimmungen und namentlich dieselben Analysen vorkommen, während die von S. Pataki (Protomedicus Siebenbürgens) gelieferten Arbeiten schon 1816 u. 1817 fertig lagen.

— Pataki's Darstellung sind bis heute alle späteren Schriftsteller über siebenbürgische Heilquellen einfach gefolgt; oft haben sie dessen Angaben, theilweise durch die Sprache beirrt, fehlerhaft wiedergegeben. — Die von L. Tognio 1841 und 1847 gegebene Aufzählung der ihm bekannt gewordenen Mineralquellen *Siebensbürgens* blieb eben ein einfaches, trockenes, überdies unvollständiges Namensverzeichniss, weil Tognio über der Daten-Sammlung vom Tode überrascht wurde; ich habe sein auf Siebenbürgens Mineralquellen bezügliches *Manuscript* in der k. k. Hofbibliothek in Wien genau durchgesehen und nichts für wissenschaftliche oder praktische Zwecke Verwerthbares darin gefunden.

Zunächst und am dringendsten stellt sich nun die *Aufgabe* heraus, die physikalisch-chemischen Untersuchungen mit den in neuester Zeit weit reichlicheren und gründlicheren Hilfsmitteln emsig fortzusetzen und diesen gemäss neue Monographien der Curorte zu bearbeiten, aus deren Vereinigung eine *gründliche Darstellung der sämmtlichen Curorte des Landes* erwachsen mag. Die Schwierigkeit solcher Arbeiten verkennt kein Sach- und Ortskundiger; dass aber mit den vorhandenen Vorarbeiten bereits schätzbare Monographien geliefert werden können, hat neuerlich erst Dr. Carl von Greissing mit seiner Schilderung *Zaizons* (Wien, 1855) bewiesen. — Planmässig abgefasste und regelmässige Cursaisonberichte, welche auf die vorkommenden Krankheitsfälle genauer eingehen, sind nicht nur in Siebenbürgen, sondern auch anderwärts ein lebhaft gefühltes Bedürfniss, wenn sich der pharmakologische

Theil der Balneologie aus der sagenreichen Mythologie endlich zur exacten Wissenschaft emporheben soll. Mögen die Aerzte Siebenbürgens nur jene Scheu vor der Oeffentlichkeit überwinden, welche bei der Kunde von ihrem herrlichen Lande am wenigsten gut angebracht ist; ich selbst kenne gar Manchen unter ihnen, ausgezeichnet durch tüchtige Vorbildung und rühmliche ärztliche Befähigung zu solchen Arbeiten, wozu sie auch durch Standespflicht und Liebe zum Vaterland berufen sind. Die Hoffnung zu einem solchen vielfältig dankbaren Unternehmen vielleicht anzuregen, ist nicht einer der geringsten Gründe meiner gegenwärtigen Veröffentlichung gewesen, zu welcher Herr Dr. Kellermann, k. k. Landes-Medicinalrath, den wesentlichsten Theil, nämlich die *aus den ämtlichen Berichten gelieferte Uebersicht der Curorte* — ein dankenswerther Erfolg seiner vielfachen, einsichtsvollen Bemühungen — mir zu überlassen die Güte gehabt hat. Diese Uebersicht habe ich auch durchaus in nichts abgeändert; blos bei *Baassen* habe ich (S. 22) die Analyse der *Merkel*quelle hinzugefügt.

Eine sachgetreue Uebersicht der Curorte der gesammten österreichischen Monarchie erschien mir schon lange sehr wünschenswerth, und ich habe bei wiederholten Anlässen auf ein solches *Inventar unserer Heilquellen und Curorte*, wie sie heute gekannt und beschaffen sind, angetragen; die darauf so wie auf ein *Jahrbuch der Heilquellen und Curorte* zielenden Anträge und Arbeiten im Schoosse des Comités für Balneologie, in der k. k. Gesellschaft der Aerzte, sind aber vorläufig nicht zur Ausführung gediehen. Der von mir übernommene Antheil daran ist die folgende Uebersicht; ich hielt es für zweckmässig, dieselbe für sich allein ohne ferneres Zuwarten endlich zu veröffentlichen, nachdem seit vierzig Jahren (Pataki, 1820) über die Curorte meines theuren Vaterlandes, *Siebenbürgen*, nichts Gemeinsames erschienen ist.

Wien, im k. k. allgemeinen Krankenhause. im April 1860.

Professor Sigmund.

Hermannstädter Kreis.

1. Salzburg.

Lage des Curortes, Communicationen.

Salzteiche nächst dem ungarisch-romänischen Marktflecken Salzburg (Vizakna), 1½ Stunde von Hermannstadt; der Weg seit 1858 ganz gut hergestellt. Communication mit Hermannstadt mittelst Stellwägen. Der Ort mit 3500 Einwohnern hat eine gesunde, aber minder freundliche Lage, die Umgegend ist kahl, Baumpflanzungen gedeihen im salzgetränkten Boden sehr schwer.

Chemische Analyse.

Jodhältige Soole.

Eine ältere Analyse ist in Pataki's Beschreibung nur vom Verestó und Aszszonytó geliefert und unterscheidet sich von der neuern wesentlich nur insofern, als heute der Analytiker mit umfassenderen Kenntnissen ausgestattet ist.

Die letzte Analyse der drei zu Bädern vorzüglich gebrauchten Soolen, nämlich des Tököly, Verestó (rother Teich) und Aszszonytó (grüner Frauenteich), wurde auf Anordnung der h. Statthalterei vom Apotheker Peter Schnell im Jahre 1855 vorgenommen und ergab:

I. Im *Tököly* in 1000 Theilen Wasser zu Salzen berechnet:

Schwefelsaure Soda	10·352
„ Kalkerde	3·144
Chlornatrium	157·649
Jodnatrium	0·250
Chlormagnesium	23·334
Chlorkalium	1·969
Chlorcalcium	6·309
	203·007
Wasser	796·993

II. Im *Verestó* (rother Teich):

Schwefelsaure Soda	3·891
„ Kalkerde	1·273
Chlornatrium	71·003
Jodnatrium	0·110
Chlormagnesium	8·499
Chlorkalium	0·932
Chlorcalcium	2·497
	88·204
Wasser	911·895

III. Im *Aszszonytó* (Grüner Frauenteich):

Schwefelsaure Soda	3·486
„ Kalkerde	0·951
Chlornatrium	53·385
Jodnatrium	0·083
Chlormagnesium	7·086
Chlorkalium	0·678
Chlorcalcium	2·019
	67·688
Wasser	932·312

In allen Teichen Spuren von Brom, Eisen, Thonerde und Extractivstoff.

Heilwirkungen.

Die Heilkraft dieser Bäder bewährte sich in verschiedenen Formen scrofulöser, gichtischer und rheumatischer Leiden, bei Lähmungen, chronischen Ausschlägen, besonders Flechten, bei veralteten syphilitischen Leiden, Mercurialsiechthum, Hypertrophien drüsiger Organe, Uterus- und Ovarialgeschwülsten, weissem Flusse, Hysterie, Hypochondrie und anderen Nervenleiden mit Abdominalplethora.

Einrichtungen in sanitärer Beziehung.

Der Curort ist seit dem Jahre 1857 förmlich umgestaltet. Vom Jahre 1857 bis 1859 wurden folgende vom hohen Finanzministerium nach den Anträgen der hohen Statthalterei genehmigte Herstellungen ausgeführt: Gemauertes Gebäude für warme Bäder mit 6 Cabineten und 10 Wannen, vollständig eingerichtet, nebst Wohnung für den Badeanstalt-Aufseher, Cafeterie und Lesezimmer, Felsenkeller zur Aufbewahrung von Mineralwässern und Vorräthen des Kaffesieders. Gedeckte zierliche Wandelbahn in der Nähe der Teiche, umgeben von Orangenbäumen und anderen Treibhausgewächsen; ferner neue Ankleidecabinete an den Teichen mit Einrichtung (ältere 8), Maskirung der offenen Badeteiche durch Anpflanzung von Strauchwerk. Anlagen schattiger Alleen, Planirung des Terrains, Scarpirung und Bepflanzung der Bergabhänge. — Die von den Badeteichen zum Gasthause und in den Ort führenden Wege bequemer hergestellt und mit Bäumen alleeartig bepflanzt. Blumengarten um die Wandelbahn angelegt, im Jahre 1859 ausgedehnt und sorgfältig gepflegt. Zierliche Bogenbrücken zwischen den Teichen erbaut. Ein Rettungskahn, der zugleich zu Lustfahrten auf den Teichen dient, angeschafft. Perron neben dem Badehause, bedeckt und eingerichtet. Mehrere Zeitschriften für das Lesezimmer angeschafft (5 deutsche und 1 ungarische). Der im Orte domicilirende Salinenarzt, zugleich Communalarzt, M. Rosa, wurde zum Badearzt bestimmt und mit neuen Instructionen versehen. Die Badeordnung und Curregeln sind vorgezeichnet. Instrumente zu meteorologischen Beobachtungen angeschafft.

Polizeiliche Aufsicht.

Nebst dem Ortsamte und der k. k. Gensdarmerie führt die erforderliche Aufsicht das k. k. Bezirksamt. Ueber die Curgäste wird ein Protokoll beim Ortsamte gehalten.

Eigenthumsverhältnisse, Erhaltungsweise der Curanstalt.

Die Salzteiche sind eine Fiscalität; seit August 1858 ist die Badeanstalt um den jährlichen Zins von 701 fl. CM. bis 1864 verpachtet; bis zum Jahre 1858 betrug der Miethzins nur 130 fl.

Curtaxe, Curfond.

Curtaxe ist 1 fl. 57 kr., Familien höchstens 4 fl. 72 kr. Dienstboten und Mittellose frei. Ein kaltes Bad 7 kr., mit Wäsche 10 kr. Ein warmes Bad 35 kr., Wäsche $3\frac{1}{2}$ kr. — Curfond erst im Jahre 1858 begründet. Einnahmen im Jahre 1859 = 345 fl. 30 kr. Eine Curcommission im Jahre 1858 aufgestellt, deren Mitglieder der Bezirksvorsteher, Salinenverwalter, Ortsvorstand, der Bezirks- und der Salinenarzt.

Frequenz, Provenienz, Stand der Curgäste.

Im Jahre 1859 142 Parteien mit 296 Personen, mehrentheils weiblichen Geschlechtes, aus dem Beamten- und Bürgerstande von Hermannstadt und aus der Umgegend, auch einige hohe Standespersonen. Die Frequenz ist gegen die Vorjahre fast um das Dreifache gestiegen. Im Jahre 1859 nur um 7 Personen höher als im Jahre 1858, wegen den ungünstigen Verhältnissen, auch wegen Mangel an guten Wohnungen.

Unterkunft, Gasthäuser, Tariffe.

Ein gemauertes einstöckiges, nahe an den Teichen gelegenes Gasthaus, Eigenthum eines Privaten, mit 6 Gastzimmern, deren Preis 8 bis 10 fl. monatlich; den Teichen gegenüber ein neugebautes einstöckiges Haus mit 8 Zimmern. Im Orte billige Unterkunft in einigen Häusern, die Einrichtung sehr nothdürftig. Mehrere Häuser wurden in diesem Jahre wohnlicher hergestellt. Kost in zwei Gasthäusern gut und billig.

Mängel, Mittel der Abhilfe.

Wohnungen unzureichend, dürftig eingerichtet. Die Badecabinete reichen nicht aus, die älteren sind schon schadhaft. Vorrichtungen zu Schlammbädern fehlen. Ein grösseres Gasthaus mit mehreren Gastzimmern, Saal zu Reunionen u. s. w. sehr wünschenswerth. Nach Zulässigkeit der Curfondsmittel wird mit der Vervollständigung der Badevorrichtungen vorgegangen. Der neugegründete Curfond ist unzureichend. Auf das Ansuchen der h. Statthalterei um Unterstützung desselben hat das h. Finanzministerium die allmälige Ausführung der unentbehrlichen Herstellungen bewilliget. Als solche wurden für das Jahr 1860 beantragt: Gründliche Reparaturen an den Auskleidezimmern bei den Badeteichen; bessere Badevorrichtungen an dem sehr heilkräftigen Tököly-Teich. Dauerhaftere Eindeckung und Schliessung des Perrons nächst dem Badehause. Geschlossene Auskleide-Localitäten bei den Freibädern.

2. Baassen (ungar. Felső-Bajom).

Lage des Curortes, Communicationen.

Baassen, in der Nähe des deutschen Dorfes Baassen mit 1216 Einw., 1³/₄ Meilen von der Stadt Mediasch, in einem anmuthigen von Wald- und Rebenhügeln umkränzten Thale. Die Herstellung der Strasse von Mediasch und der etwa 400 Klftr. betragenden Strecke aus dem Dorfe bis zu der Badeanstalt steht in naher Aussicht. Von Mediasch Communication durch Poststrasse.

Chemische Analyse.

Kochsalzwässer.

Die letzte Analyse wurde vom Apotheker Dr. Phil. Folberth in Mediasch im Jahre 1855 vorgenommen und ergab:

I. In der *Ferdinandsquelle* in 1000 Gewichtstheilen Wasser.

A) Feste Bestandtheile.

Chlornatrium	37·1105
Chlormagnium	1·5952
Chlorkalium	1 4832
Bromnatrium	0·0111
Jodnatrium	0·0395
Schwefelsaure Bittererde	0·0556

Dopp. kohlens. Kalk	0·6481
„ „ Bittererde .	0·0394
„ „ Eisenoxydul ...	0·0153
Indifferent org. Stoffe }	
Kieselsäure }	Spuren
	41·4323

B) Flüchtige Bestandtheile.

Kohlensäure ...	0·1046

Die Temperatur der Quelle ist 12·5⁰ C. bei einer Luftwärme von 20·7⁰ C. —

Bei der obigen Temperatur der Quelle kommen auf 100 Raumtheile Wasser 5·4977 Raumtheile Kohlensäure.

II. In der *Felsenquelle*:

A) Feste Bestandtheile.

Chlornatrium	40·2757
Chlormagnium	1·8614
Chlorkalium	2·0766
Bromnatrium	0·0134
Jodnatrium	0·0294
Schwefelsaure Bittererde	0·1172
Dopp. kohlens. Natron	0·0597
„ „ Kalk	0·3433
„ „ Bittererde	0·0875
„ „ Eisenoxydul	0·0107
Bas. phosphors. Thonerde	0·0222
Kieselsäure	0·0333
Indiff. organische Stoffe	Spuren
B) Flüchtige Bestandtheile	44·9302
Kohlensäure	0·4839

Die Temperatur der Quelle ist 15⁰ C bei einer Luftwärme von 18·5⁰ C.

Auf 100 Raumtheile Wasser kommen 25·3524 Raumtheile Kohlensäure. In den beim Badhause liegenden Bassins entwickelt sich reichlich brennbares Gas (Kohlenwasserstoffgas mit Kohlensäure).

III. In der *Merkelquelle*, welche in der Einleitung bereits erwähnt wurde, findet sich nach Herrn Peter Stenner's, 1846 veröffentlichten Analyse in 16 Unzen Wiener Gewicht 112 Grad feste Bestandtheile, nämlich:

Chlornatrium	70·036 Gr.
Chlormagnesium	25·634 „
Schwefelsaures Natrum	0·974 „
„ Magnesia	1·420 „
Jodnatrium	0·370 „
Kohlensaure Magnesia	7·438 „
„ Kalk	6·027 „
„ Eisenoxydul	0·101 „
In 100 Kubikzoll Wasser	18·874 freie Kohlens.

Temperatur der Quelle $+11 - 13^{\circ}$ R. schwankend.

Heilwirkungen.

Heilkräftig erwiesen sich diese Bäder gegen Scrofulose, Rheumatismus in allen seinen Formen, Gicht, Gesichtsneuralgie, syphilitische Hautausschläge, Infiltrationen des Lymphdrüsensystems, Entzündungen der Beinhaut, weissen Fluss, Gelenkswassersucht, bei veralteten Fussgeschwüren, Verkürzung musculöser und tendinöser Theile nach Luxationen und anderen mechanischen Verletzungen.

Einrichtungen in sanitärer Beziehung.

Das Mineralwasser sammelt sich in acht Bassins, wovon fünf in der Nähe des Badhauses; sämmtliche Bassins sind durch Röhren verbunden. Das Badhaus mit sieben Cabineten für warme und kalte Wannenbäder. Ein für die Geschlechter abgesondertes Vollbad mit zwölf Ankleidecabineten. Die Felsenquelle unfern vom Badhause wird grösstentheils zu kalten Bädern benützt.

Im Jahre 1858. Die kunstgemässe Fassung der beiden Hauptquellen vom Brunnenbau-Techniker Albertha aus Böhmen vorgenommen und mit sehr befriedigendem Resultate durchgeführt, die Zuleitung des Wassers durch unterirdische Röhren erleichtert. — Im Jahre 1859. Zur Verhütung einer Ueberschwemmung des Badhauses die Regulirung des die Anstalt durchfliessenden Gebirgsbaches in Angriff genommen; ein

Sammelbassin errichtet, eine Vorhalle am Hauptbade neu hergestellt, der Communicationsgang zu den Bädern zweckmässig adaptirt. Zur Gewinnung einer Süsswasserquelle die Vorarbeiten eingeleitet, der Bau mehrerer Wohnlocalitäten für 1860 beschlossen.

Polizeiliche Aufsicht.

Vom Bezirksamte und Ortsvorstande.

Eigenthumsverhältnisse, Erhaltungsweise der Curanstalt.

Der Grund ist Eigenthum der Baassener evangelischen Kirche A. C., wurde von einer im Jahre 1842 gebildeten Actiengesellschaft auf dreissig Jahre übernommen, durch Ankauf vergrössert und mit den bestehenden Einrichtungen zu Badezwecken versehen.

Curtaxen, Curfond.

Seit 1853 beträgt die von der hohen Statthalterei festgesetzte Curtaxe 1 fl. C. M. — Fond der Anstalt: Einlagscapital der Actiengesellschaft 350 Actien pr. 15 fl. C. M., ein später contrahirtes Anlehen pr. 2500 fl. C. M. — Erträgniss aus den Pachtobjecten. Zins bis zum Jahre 1856 670 fl., seither 1360 fl. jährlich; dessen ungeachtet rentirt sich das Unternehmen noch nicht entsprechend. Das h. Ministerium hat im Jahre 1859 ein Darlehen von 3000 fl. aus dem Landesfonde zur Bestreitung der dringend erforderlichen Arbeiten bewilliget.

Frequenz, Provenienz, Stand der Curgäste.

Seit dem Jahre 1854 im bedeutenden Steigen, durchschnittlich ·300 Personen aus allen Theilen des Landes: Bürger, Beamte, Grundbesitzer. — Im Jahre 1859 nur 237 Badegäste. Bis zum Juni kühle, regnerische, dem Gebrauche kalter Bäder ungünstige Witterung; im Juli und August grösserer Andrang, aber Mangel an Quartieren.

Unterkunft, Gasthäuser, Tariffe.

In der Anstalt selbst nebst den Räumlichkeiten für den Gastgeber schöner neu eingerichteter Speisesaal und drei kleine Wohnlocalitäten für Curgäste. — Mittagskost zu 52 kr. Oe. W. das Gedeck, auch nach der Speisekarte. — Ein Zimmer mit Einrichtung 42—63 kr. Oe. W. täglich. — Unterkunft auch in dem nahen Dorfe bei wohlhabenden Landleuten in reinlichen Stuben um billige Preise. Die Baulust nimmt zu. Ein neuerbautes zierliches Sommerhaus mit einem Billard u. s. w. — Als Unterhaltungsort eine angenehme, mit einer Gloriette gezierte Promenade, schöne Spaziergänge im nahen Buchenwalde, Communication mit Mediasch mittelst eines täglich ab- und zurückgehenden Wagens.

Mängel, Mittel der Abhilfe.

Herstellungen, die noch nothwendig sind: Errichtung einer neuen gemauerten Warmbadanstalt mit wenigstens 20 Cabineten, statt der bestehenden zu kleinen, unzweckmässigen, schon verfallenen. — Adaptirung der Wohnungen in den für Curgäste bestimmten zwei Nebengebäuden. — Beendigung des neuen Vollbades, ein abgesondertes Bassin für Kranke mit ekelhaften Ausschlägen. — Feste Beschotterung des Weges vom Dorfe zur Anstalt; Anschüttung der Communicationsgänge durch Kiessand. — Erbohrung eines Trinkwasserbrunnens. — Herstellung der Strasse von Mediasch. — Nebst diesen zum Theil schon begonnenen Herstellungen wurden noch einige andere die Verschönerung und Erweiterung der Anstalt erzielende Verbesserungen den Unternehmern empfohlen. — Die Actionäre konnten die zur Beendigung der begonnenen wichtigen Arbeiten erforderlichen Geldmittel nicht aufbringen, weshalb die erwähnte Aushilfe aus dem Landesfonde beantragt und bewilligt wurde.

Kronstädter Kreis.

3. Zaizon.

Lage des Curortes, Communicationen.

Bei dem ungarisch-romänischen Dorfe gleichen Namens, mit 1128 Einwohnern, in einem langen, schmalen, freundlichen Gebirgsthale, von Kronstadt zwei Stunden entfernt, durch Privat-Eilwägen auch mit der benachbarten Walachei in Verbindung. Die Fahrt von Kronstadt, früher durch den reissenden Gebirgsbach Tatrang oft gehindert, durch eine im Jahre 1855 vollendete Jochbrücke gesichert. Gute Bezirksstrassen aus der Walachei über Hoszsznfalu.

Chemische Analyse.

Jodhältige alkalisch-muriatische Säuerlinge und Stahlquelle.

Die Ferdinandsquelle hat $+ 8°$ R.; die Franzensquelle $+ 7\frac{1}{2}$, die Ludwigsquelle $+ 7{,}75$ nach Dr. von Greissing's Bestimmungen; die erste dieser Quellen liefert binnen 24 Stunden nahe an 5000 (4780) Mass Wasser, während die anderen nur weit geringere Mengen bieten. — Die treffliche Monographie über Zaizon (Wien 1855) des Dr. Carl von Greissing jun. verdient eine ganz besondere Empfehlung. — Die letzte Analyse des Ludwigsbrunnens, auf Anordnung der Landesregierung, vom Apotheker Peter Schnell im Jahre 1853 vorgenommen, nach einem Civilpfund berechnet, ergab im:

I. *Ferdinandsbrunnen:*		II. *Franzensbrunnen:*
Chlornatrium	4·6985 Gr.	0·614 Gr.
Jodnatrium	1·9141? „	0·063 „
Dopp. kohlens. Natron	10·1100 „	0·172 „
„ „ Kalk	3·5195 „	1·564 „
„ „ Magnesia	0·8435 „	0·421 „
„ „ Eisenoxydul	0·1171 „	0·580 „
Schwefels. Natron	0·1525 „	0·350 „
Kieselsäure	0·1250 „	0·347 „
Fixe Bestandtheile	21·4792 „	7·066 „
Freie Kohlensäure	8·072 „	7·561 „
Summe	29·4512 Gr.	14·627 Gr.

III. *Ludwigsbrunnen:*

Chlornatrium	0·4799 Gr.
Dopp. kohlens. Natron	4·1856 „
„ „ Kalk	4·4006 „
„ „ Magnesia	1·1981 „
„ „ Eisenoxydul	1·1904? „
Schwefelsaures Natron	0·3920 „
„ Kali	0·5990 „
Phosphors. Thonerde	0·4992 „
Kieselsäure	0·2150 „
Fixe Bestandtheile	13·1598 „
Freie Kohlensäure	13·7473 „
Summe	26·9072 Gr.

In unwägbaren Mengen kommen in allen drei Quellen vor: kohlensaures Manganoxydul und organische Substanzen.

Heilwirkungen.

Die beiden ersten Quellen bewährten sich gegen die vielgestaltigen Leiden der Scrofulose, bei nässenden Flechten, in Krankheiten der weiblichen Geschlechtsorgane, Blennorrhöen, Bronchialkatarrhen, in Leber- und Milzanschoppungen, besonders nach hartnäckigen Wechselfiebern. — Der Ludwigsbrunnen heilkräftig bei Entkräftungszuständen nach langwierigen Krankkeiten, in Fällen von Blutarmuth, Störung der Menstruation, Bleichsucht, Schwäche der männlichen Geschlechtstheile u. dgl., wohl auch zur Nachcur nach dem Gebrauch anderer Quellen.

Einrichtungen in sanitärer Beziehung.

Die Quellen tempelförmig überdeckt, in steinerne Ständer gefasst, die zwei ersteren mit einem Marmorkranz versehen. Nächst der Ferdinandsquelle eine gedeckte, im Jahre 1853 errichtete Wandelbahn. Kalte Mineral-Vollbäder im sogenannten Lobogó. — An die Stelle des im Jahre 1857 eingeäscherten Badehauses im Jahre 1858 ein neues, nettes Gebäude (leider wieder aus Holz) mit zehn Cabineten für Wannenbäder, allgemeine und partielle Douchen, portative Vorrichtung zu Dampf- und Luftbädern, Heizung mittelst Dampf. — Vollbad (Lobogó) seit 1856 neu hergestellt, das Bassin mit festen porzellanartig glasirten Thonplatten ausgekleidet, mit Badecabineten nach allen Seiten umschlossen; die Promenade gegen das Badehaus verlängert, durch neue Anpflanzungen verschönert. Baumschule für Tannen und Föhren angelegt. Der Weg zur Ludwigsquelle dauernd hergestellt. — Die Ufer des Zaizonbaches durch Faschinen bewahrt, neue Brücke über diesen Bach beim Gasthause hergestellt. Die bereits im Jahre 1855 angelegte Molkenanstalt konnte wegen noch strittigen Weideplätzen für die Schafe auch im Jahre 1859 nicht benützt werden, doch wurde frischgemolkene Ziegenmilch häufig gebraucht. — Während der Saison ein Arzt im Orte stabil gegen Remuneration und Gratiswohnung von der Kronstädter Commune. Häufige Besuche von Aerzten aus Kronstadt. In demselben Jahre genaue meteorologische Beobachtungen. Stabile Musikbande.

Polizeiliche Aufsicht.

Aufsicht seitens des k. k. Bezirksamtes Hoszszufalu mit Unterstützung der k. k. Gensdarmerie und des Ortsvorstandes.

Eigenthumsverhältnisse, Erhaltungsweise der Curanstalt.

Die Kronstädter Stadtcommune als Grundeigenthümerin besorgt die Curanstalt durch den jeweiligen Pächter und nebstbei die Auslagen aus den Curtaxen und den freiwilligen Beiträgen jener Kronstädter Bürger, welche als Besitzer von Realitäten in Zaizon sich für den Curort besonders interessiren.

Curtaxe, Curfond.

Curtaxe 1 fl. 5 kr., Kinder 52½ kr. Oester. Währ. Ein Voll- oder Sturzbad 8 kr., ein Wannenbad 26 kr. Oe. Währ. Der Curfond wird von der Kronstädter Commune verwaltet; dessen Stand ist nicht ausgewiesen.

Frequenz, Provenienz, Stand der Curgäste.

Im Jahre 1858 456 Badegäste, darunter 130 Kinder, 159 Individuen aus der Walachei, die übrigen aus Kronstadt und anderen Gegenden Siebenbürgens.

Im Jahre 1859 355 Gäste, gegen das Vorjahr 101 weniger, was der ungünstigen Witterung bis Mitte Juli, dem Geldmangel im Lande, und bezüglich der benachbarten Fürstenthümer auch den politischen Unruhen zugeschrieben wird. Aus der Walachei nur 49 Personen, sonst Inländer.

Unterkunft, Gasthäuser, Tariffe.

Genügende Unterkunft in einigen grösseren Miethhäusern, in reinlichen gemauerten Bauernhäusern, in dem stockhohen guteingerichteten neuen Einkehrwirthshause mit dreizehn geräumigen Passagierzimmern, Speise-, Billard- und Tanzsaal. Speisen und Getränke in zwei Gasthäusern in grösserer Auswahl nach limitirten Preisen. Table d'hôte 70 kr. Wohnungen 2—3 fl. wöchentlich in Privatwohnungen, in Gasthauszimmern 70 kr. bis 1 fl. 30 kr. täglich.

Mängel, Mittel der Abhilfe.

Zaizon ist der besteingerichtete Curort Siebenbürgens. Bei dem auffallend grossen Jodgehalte der Ferdinandsquelle, den die Analyse des Kronstädter Apothekers P. Schnell herausgestellt hat, wäre eine genaue Untersuchung dieser und auch der Ludwigsquelle (rücksichtlich des Gehaltes an Eisen) angezeigt. — Die Wiederbenützung der Molkenanstalt sehr erwünscht, die Verhandlung wegen den streitigen Gebirgsweiden schwebt beim Urbarialgerichte. — Nothwendig: Verbesserung der beschwerlichen Zufahrt und die Anlage einer beschatteten Allee zu dem entlegenen Lobogó und Sturzbade.

Das Warmbadehaus wäre zum Schutze vor Feuchtigkeiten mit Dachrinnen und gepflasterten Rinnsälen zu versehen. Räthsam der Anbau eines russischen Dampfbades und mehrerer Badecabinete aus solidem Materiale, Herstellung einer gedeckten Verbindung zwischen dem Ferdinandsbrunnen und der Wandelbahn, was schon im Jahre 1858 ins Werk gesetzt werden sollte. Diese und andere kleinere Mängel und Uebelstände, wie selbe bei der Localerhebung im Mai 1858 ausgestellt wurden, werden bei der regen Thätigkeit der Unternehmer baldige Abhilfe finden.

Im Jahre 1859. Die neuerbaute Badeanstalt vollständig eingerichtet, die Zugänge zu dem Vollbade zweckmässig hergestellt.

4. Elöpatak.

Lage des Curortes, Communicationen.

Der wichtigste und besuchteste Curort des Landes, drei Meilen von Kronstadt in einem freundlichen, durch Berge geschützten Thale; die Lage gesund. — Communicationen mit Kronstadt seit 1858 durch eine stehende Brücke über den Altfluss gesichert, nach allen Richtungen gut. — Der Curort gleicht einem kleinen Marktflecken, zählt 559 Einwohner, mehrentheils Ungarn.

Chemische Analyse.

Alkalische Säuerlinge, stark eisenhältig.

Neueste Analyse auf Anordnung der hohen Landesbehörde vom Apotheker Peter Schnell im Jahre 1853.

I. Im Stammbrunnen:		II. Im Neubrunnen:
Chlorcalium	0·2458 Gr.	0·1613 Gr.
Chlornatrium	0·6298 „	0·5299 „
Kohlens. Natron	9·8688 „	7·0810 „
„ Kalk	9·0317 „	10·6214 „
„ Bittererde	5·9905 „	4·4621 „
„ Eisenoxydul	1·6051 „	2·3504 „
Phosphors. Thonerde	0·2458 „	0·3302 „
Kieselerde	0·3686 „	0·2611 „

Spuren von Jodnatrium, kohlensaurem Lithion, Ammoniaksalz und organischer Substanz | Spuren von kohlensaurem Manganoxydul und Ammoniaksalz.

Fixe Bestandtheile	27·6860 „	25·7971 „
Freie Kohlensäure	15·2371 „	11·8042 „
Summe	43·2231 Gr.	37·6013 Gr.

Heilwirkungen.

Sehr wirksam gegen Scrofulose, Rhachitis der Kinder, Gicht und Rheumatismus der Gelenke, bei Menstruationsanomalien, Chlorose, Hysterie; ganz vorzüglich: gegen Stockungen in der Pfortader-Circulation, Hämorrhoiden, Leber- und Milz-Hypertrophien, Gelbsucht, Abdominalplethora, habituelle Stuhlverstopfung, Magenkatarrh, Säurebildung, Blasenkatarrh, chronische Gonorrhöe, ferner gegen Amenorrhöe und Dysmenorhöe bei gleichzeitigem Gebrauche von Voll-, Sitz- und Douchebädern.

Einrichtungen in sanitärer Beziehung.

Die Einrichtungen seit 1857 bedeutend verbessert. Der Stammbrunnen und der Neubrunnen, durch den von der hohen Landesregierung aus Böhmen berufenen Ingenieur Albertha kunstgemäss gefasst, sind ergiebiger und reiner. Neue schöne Wandelhalle nächst dem Stammbrunnen 40° lang, 4 Klafter breit mit Cafeterie und elegant ausgestattetem Lesecabinet mit zwölf Zeitungen. — Gepflastertes Rinnsal an der Wandelhalle und gewölbter Canal für das von den Anhöhen herabströmende Wasser. Erweiterung der Promenade im Nemes'schen

Parke, Ruhesitze, Tische, Bepflanzung des Weges auf die Anhöhe mit Lindenbäumchen, Beschotterung. Erweiterung der Promenade am rechten Ufer des Baches, Anpflanzung der rechten Uferseite. Entsprechendere Einrichtung des im Jahre 1857 neu errichteten Sturzbades. — Herstellung der Ufermauern, Brücken und Geländer, Beschotterung der Fahr- und Fusswege. Sonnenuhr nächst der Wandelhalle, meteorologische Instrumente. — Zwei öffentliche Süsswasserröhrenbrunnen. Einige Herstellungen am Lobogó und an den warmen Bädern. — Zum Badearzt gegen eine Remuneration aus den Curtaxen wird jährlich ein Med. Dr. von den Eigenthümern gewählt.

Im Jahre 1859. Neues Vollbad (Lobogó) durch Vereinigung zweier Quellen hergestellt, der Neubrunnen neu in Stein gefasst, hiedurch eine grössere Ergiebigkeit und mehr erfrischender Geschmack der Quelle erzielt. Zierlicher und fester Ueberbau aus Gusseisen über den Stammbrunnen. Neue 1000⁰ lange Promenade bis in den Hidvéger Wald angelegt. Die Communication im Orte durch mehrere Brücken erleichtert. — Mehrere Verschönerungen im Lesecabinete und genaue meteorologische Beobachtungen.

Polizeiliche Aufsicht.

Ein vom h. Landes-Präsidium entsendeter Commissär mit einem Diurnisten und zwei Dienern; k. k. Gendarmerieposten.

Eigenthumsverhältnisse, Erhaltungsweise der Curanstalt.

Eigenthümer 24 Haus-, resp. Grundbesitzer; den ansehnlichsten Theil an Realitäten haben die Grafen Nemes und Béldi. Seit dem Jahre 1857 eine Curcommission aufgestellt. Mitglieder: Bezirksvorsteher, drei Grundbesitzer und die Kreisärzte mit einem Oeconomen im Curorte.

Curtaxe, Curfond.

Die Curtaxe pr. 2 fl. C. M.; der Curfond seit 1857 begründet, dessen Zuflüsse: Curtaxen, Füllungstaxen pr. 1 kr. C. M. von jeder versendeten Flasche, Erträgnisse der Bälle, Reunionen, Taxen von fremden Gewerbs- und Handelsleuten, überdies, als freiwillige Beiträge der Grundbesitzer, ein siebentägiger Miethzins der Wohnlocalität im Juli, die Einkünfte für die Verpachtung des Marktplatzes, der Fleischbank und des Vollbades. — Im Jahre 1858 von der h. Statthalterei ein Darlehen von 6000 fl. C. M. in National-Obligationen aus dem Forstculturfonde zur Ausführung mehrerer Baulichkeiten bewilliget. Sämmtliche Einnahmen des Fondes im Jahre 1858 (sammt dem obigen Darlehen) 10192 fl. 38 kr., Auslagen 9254 fl. 31 kr., Cassarest 938 fl. 7 kr. — Im Jahre 1859: Einnahmen 3871 fl. 48 kr., Auslagen 4043 fl. 13 kr., daher Abgang 171 fl. 25 kr. österr. Währ.

Frequenz, Provenienz, Stand der Curgäste.

Im Jahre 1858 1106 Gäste, 740 Standespersonen, 262 Ausländer, grösstentheils aus der Walachei, Gutsbesitzer, auch vom höheren Adel (Fürst Milosch Obrenowitsch), Beamte, Handels- und Gewerbsleute, Militär. Wegen regnerischem Sommer noch im October Curgäste.

Im Jahre 1859 1104 Gäste, darunter nur 449 Curgäste, 130 Ausländer. Viele Grundherren, Kaufleute, Oeconomen aus der Walachei und Moldau, Beamte, Geistliche. — Die Ursache der geringeren Frequenz sind die bei den anderen Curorten angegebenen der ungünstigen Witterung und politischen Lage.

Unterkunft, Gasthäuser, Tariffe.

Grössere und kleinere, letzter Zeit etwas besser eingerichtete, Wohnungen in den Häusern der Grundbesitzer, die variabeln Preise mehrentheils ziemlich hoch. Ausserdem ein grösseres und zwei kleinere Gasthäuser mit neu freundlich eingerichteten Wohnzimmern, entsprechenden Traiterien, Stallungen, Remisen. — Limitirte Tariffe der Gasthauswohnungen, Speisen, Getränke und sonstigen Bedürfnisse der Gäste. Im Jahre 1858 ein Privathaus neu erbaut, zwei im Bau stehend. — Im Jahre 1859 die mehrentheils mangelhaft eingerichteten Wohnungen billiger als im vorigen Jahre.

Mängel, Mittel der Abhilfe.

Die im Mai 1858 in Gegenwart des Landes - Medicinalrathes zusammengetretene Curcommission beschloss zur Behebung der vorgefundenen Mängel:
1. Neue Fassung des Neubrunnens durch den Ingenieur Abertha.
2. Ausarbeitung eines Projectes zur Errichtung eines neuen Lobogó durch denselben Ingenieur.
3. Verlegung der Hauptstrasse aus der Nähe des Stammbrunnens, Anlage eines neuen Parkes an diesem Platze.
4. Errichtung eines Lesecabinets neben der Wandelbahn.
5. Soliderer Ueberbau des Stammbrunnens aus Stein, Gusseisen oder Eichenholz mit Bleidach.
6. Genaue Analyse des Béldibrunnens durch den Chemiker Folberth.
7. Anschaffung der Instrumente zu meteorologischen Beobachtungen.
8. Genauere Aufsicht in den Gasthäusern und den zur Vermiethung bestimmten Privathäusern im Betreff besserer Einrichtung und Limitirung der Preise.
9. Grössere Reinlichkeit und Ordnung in der Warmbadeanstalt.
10. Zweckmässigere Wasserleitung daselbst.
11. Entsprechenderer Verschluss der zur Versendung bestimmten Flaschen.
12. Herstellung maskirter Aborte in der Nähe der Promenade.
13. Feuer-Assecuranz der Anstaltsgebäude.

Die Puncte 1, 2, 4, 7, 8. 9, 12. und 13 sind bereits realisirt, die Behebung der anderen Uebelstände ist eingeleitet.

Nachdem, wie eben bemerkt, mehrere Verbessernngen schon im Jahre 1859 bewerkstelliget wurden, stellt sich als zunächst erforderlich heraus:
a) Zweckmässigere Herrichtung des Vollbades (Lobogó), um den Zufluss des Wassers zu vermehren und dieses frischer und reiner zu erhalten.
b) Bessere Vorrichtungen zu den häufig gebrauchten Douchen, Vermehrung des Wasserzuflusses, Errichtung mehrerer Cabinete bei den Sturzbädern.

c) Herstellung eines gedeckten Ganges zwischen der Wandelbahn und dem Stammbrunnen.
d) Entsprechende Vorsorge für wohnliche und gesunde Quartiere.
e) Gepflasterte oder wenigstens gut beschotterte Communicationswege zwischen den Häusern und den Brunnen.
f) Aufbau von mehreren sonstigen Cabineten im Badehaus, bessere Einrichtung der bestehenden feuchten Badezimmer.
g) Verlegung der Fahrstrasse aus der Nähe des Hauptbrunnens.
h) Angemessenere Flaschenfüllungs-Manipulation.

Ueberdies sollen auch die Puncte 6, 12 und 13 zur Ausführung gebracht werden.

5. Kovászna.

Lage des Curortes, Communicationen.

Im Markte gleichen Namens mit dem dazu gehörigen nordöstlichen Theile Vajnafalva, 3110 Einwohner, von Kronstadt 7 Meilen, von Sepsi-Szent-György 4 Meilen, von der südöstlichen Landesgrenze 2 Meilen, Bezirksstrassen gut.

Chemische Analyse.

Alkalisch-muriatische Säuerlinge und Gasbäder.

Neueste Analyse des Apothekers Folberth vom Jahre 1859 auf Anordnung der h. Statthalterei.

I. *Pokolsár* (Höllenmorast) in 10·000 Gewichtstheilen:

Schwefelsaures Kali	1·205
„ Natron	0·104
Chlornatrium	54·407
Jodnatrium	Spuren
Kohlensaures Natron	72·424
„ Kalk	2·505
„ Magnesia	2·973
Thonerde	0·142
Kieselsäure	0·170
Indifferente organische Stoffe	Spuren
Summe der fixen Bestandtheile	133·932

Halbgebundene Kohlensäure	32·408
Freie Kohlensäure	19·002

Temperatur 9—10° C., spec. Gewicht 1·012·775.

II. *Vajnafalvaerquelle* (auch Czifra-viz-Quelle genannt) in 10.000 Theilen Wasser:

Schwefelsaures Kali		0·318
„ Natron		0·756
Chlornatrium		2·084
Kohlensaures Natron		1·707
„ Kalk		1·889
„ Bittererde		0·629
„ Eisenoxydul		0·345
Thonerde		0·402
Kieselerde		0·286
Organische Substanzen		Spuren
Summe der fixen Bestandtheile		8·446
Halbgebundene Kohlensäure		1·994
Freie Kohlensäure		20·424
Summe sämmtlicher Bestandtheile		30·864

Temperatur + 14° C., spec. Gewicht 1·001·662.

III. *Gasbad* in *Vajnafalva*. In 100 Raumtheilen. Bei 760 M. M. Druck und 0° C.

Kohlensäure	55·193	Volum.
Sauerstoff	9·736	„
Stickstoff	35·071	„
Summe	100·000	Volum.

IV. Die *Horgáczquelle*, eine halbe Stunde von Vajnafalva entfernt, in 10.000 Gewichtstheilen.

Schwefelsaures Kali	1·475
„ Natron	1·469
Kohlensaures Natron	24·649
„ Kalk	5·185
„ Magnesia	3·817
Chlornatrium	13·464
Thonerde und kohlens. Eisenoxydul	0·284
Kieselsäure	0·370
Organische Substanzen	Spuren
Summe der fixen Bestandtheile	50·713
Halbgebundene Kohlensäure	14·473
Freie Kohlensäure	19·508

Temperatur 15° C.

Heilwirkungen.

Die Mineralquellen seit Jahren im Rufe vorzüglicher Heilkraft; das Pokolsárbad sehr wirksam bei chronischen, rheumatischen und gichtischen Leiden, Gesichtsschmerz, Ischias, Gelenkgicht, veralteten Hautausschlägen, skrofulösen Geschwüren, bei Schwächezuständen der organischen Gewebe, bei Blut- und Schleimflüssen, übermässiger Schweissabsonderung, bei Vorfall der Gebärmutter, Lähmungen rheumatischen Ursprunges. — Die Vajnafalvaerquelle in Bädern gegen allgemeine Schwäche nach langwierigen Krankheiten. Die Gasbäder gegen rheumatische Leiden. — Die Horgáczquelle gegen Magenkatarrh, Verdauungsschwäche, Trägheit des Darmcanals empfohlen.

Einrichtungen in sanitärer Beziehung.

Die kalten Bäder am Pokolsár: Bassin mit Steinen ausgelegt und durch eine Bretterwand in zwei Räume getheilt, mit 11 Badecabineten, seit 1857 hergestellt.

Neues Badehaus in Vajnafalva mit vier Cabineten und fünf Wannen für warme Bäder. Promenadeanlage. Bei dem Gasbade in Vajnafalva Vorrichtungen gegen das Einathmen irrespirabler Gase mit einem hölzernen Ueberbau. Die Czifraviz-Trinkquelle mit einem von Stein ausgelegten Bassin umschlossen. Die Horgáczquelle dürftig in ein kleines Bassin gefasst. Die durch die Ueberschwemmung beschädigten Badecabinete reparirt. — Badearzt der prov. Bezirkswundarzt im Ort.

Polizeiliche Aufsicht.

Seitens des im Orte befindlichen Bezirksamtes und des provisorischen Bezirkswundarztes.

Eigenthumsverhältnisse, Erhaltungsweise der Curanstalt.

Alle Quellen auf Gemeindegründen. Die Anstalten werden aus den Curtaxen erhalten.

Curfond, Curtaxen.

Curtaxe 1 fl. 5 kr. Badetaxe beim Vollbade 10 kr. Der Fond wird durch einen von der Gemeinde bestellten Cassier verwaltet. Am Schlusse des Jahres 1859 Baarrest des Fondes 23 fl. 28 kr. Oe. W.

Frequenz, Provenienz, Stand der Curgäste.

In letzteren Jahren durchschnittlich 300. Im Jahre 1858 208; 180 In- und 28 Ausländer, einige adelige Familien, mehrentheils aus dem Mittelstande. — Im Jahre 1859 120 Gäste, darunter nur 1 Ausländer. Nebst den eigentlichen Curgästen brauchen viele Bewohner der Umgegend die Bäder in unterbrochenen Perioden.

Unterkunft, Gasthäuser, Tariffe.

Einige kleine Privatwohnungen meist ohne alle Einrichtung zu 40 kr. Oe. Währ. pr. Tag. Gasthaus im Jahre 1857 erbaut. Eigene Menage durch den wöchentlich ziemlich besuchten Wochenmarkt und die Billigkeit der Victualien erleichtert. Kost im Gasthause billig.

Mängel, Mittel der Abhilfe.

Unzweckmässige Fassung der Quellen.
Ungenügende Einrichtungen am Vollbade, Pokolsár und an den Gasbädern. Warmbadehaus zu klein, kümmerlich eingerichtet. Wohnungen klein, feucht, unmöblirt. Promenadeanlagen klein, nicht cultivirt, keine Wandelbahn, Gasthaus nothdürftig besorgt u. a. m. Mängel, die durch eine neue Aufnahme näher bestimmt werden sollen. Kovászna muss erst zu einer förmlichen Curanstalt eingerichtet werden; bisher fehlte eine verlässliche chemische Analyse. Zu kostspieligen Herstellungen wird sich die Gemeinde kaum herbeilassen. Das Unternehmen dürfte sich wegen der Nähe des gerühmteren Curortes Elöpatak wenig rentiren. Die Aufstellung eines graduirten Arztes zum Badearzt würde wesentlich zum Nutzen der Kranken, zur näheren Kenntniss der Quellen und zur Hebung ihres Rufes beitragen. — Im Jahre 1859: Die beschädigten Cabinete bei dem Pokolsárbade reparirt. Die Horgáczquelle umplankt.

Udvarhelyer Kreis.

6. Borszék.

Lage des Curortes, Communicationen.

Bei der Ansiedlung gleichen Namens 319 Einwohner in einem ½ Stunde langen wildromantischen Gebirgsthale der Karpathen, gesunde Lage, etwas rauhes Klima, acht Meilen von dem Bezirks-Vororte Györgyó-Szent-Miklos, drei Meilen von der moldauischen Grenze, gute Communicationen. Die bekanntesten Mineralquellen Siebenbürgens; als Handelsartikel sehr wichtig.

Chemische Analyse.

Alkalisch-erdige Säuerlinge.

Neueste Analyse von Schnell und Stenner auf Anordnung der h. Landesregierung im Jahre 1853 vorgenommen.

In einem Civilpfund Wasser:

	I. Fons *principalis*:	II. *Lobogó*:
Chlorkalium	0·1920 Gr.	0·0767 Gr.
Chlornatrium	0·6067 „	0·1229 „
Kohlens. Natron	5·9750 „	1·4131 „
„ Kalkerde	11·5738 „	5·8675 „
„ Eisenoxydul	0·1152 „	0·0768 „
„ Bittererde	5·4298 „	2·6880 „
Thonerde	0·0384 „	..... „
Kieselerde	0·5837 „	0·5606 „
Schwefelsaures Natron in unwägbarer Menge		

Fixe Bestandtheile	24·5146 Gr.	10·8057 Gr.
Freie Kohlensäure	23·7626 „	8·5939 „
In Kubikzoll	28·6321 Gr.	17·8 „

Temperatur 7° R.

Von den übrigen nicht genau untersuchten Quellen wird:

III. Fons *László*,
IV. der *Boldizsárbrunnen* und
V. die *neue Waldquelle* zur Trinkcur,
VI. der *Lázárbrunnen* und
VII. Fons *Sáros* zu Bädern benützt.

Heilwirkungen.

Als heilkräftig gerühmt bei anämischen, chlorotischen Zuständen, verschiedenen Nervenleiden, Spermatorrhöe, Impotenz, Tabes dorsalis, Lähmungen, Hysterie, Hypochondrie, als Nachcur bei vorausgegangener Syphilis, gegen Gicht, Mercurialsiechthum, bei Störungen der Verdauung, Säurebildung, chronischem Erbrechen, Magenkrampf, chronischer Bronchitis (mit Molken), Gelenksrheumatismus, chronischen Geschwüren u. s. w. Insbesondere wird dem sehr kalten, an Kohlensäure reichen Bade, Lobógó eine tonisirende Wirkung in Schwächezuständen der Sexualorgane beider Geschlechter zugeschrieben.

Einrichtungen in sanitärer Beziehung.

Im Jahre 1855 ein grosses stockhohes gemauertes Gebäude, zur Füllung, Verschliessung und zu Depôts des Mineralwassers neu erbaut. Seit 1856 unter Leitung des Ingenieurs Albertha folgende Objecte der Vollendung zugeführt:

1. Planirung des Terrains um das neue Füllhaus und um die Principalquelle.

2. Neue Kunststrasse vom Magazin zur Hauptstrasse.

3. Planirung des Terrains um das Lobógó- und Warmbad. Anlage eines kleinen Parks mit beschotterten Gängen und Pelousen.

4. Anlage einer Kunstpromenade auf den Berg Kerékszeg bis auf die höchste Spitze derselben, mit beschotterten Gängen, Ruhesitzen und Gloriette.

5. Verlängerung der schon früher bestandenen Promenade bei Lobogó.

6. Verlegung des nächst der Principalquelle vorbeifliessenden Baches um circa 1½ Klafter zur Gewinnung eines grössern Raumes um die Principalquelle.

7. Abtragung von sieben alten baufälligen, den Platz um das Füllhaus, die Promenade und den Brunnen beengenden Gebäuden.

8. Herstellung der blechernen Dachrinnen im ganzen Umfange des Füllungshauses, Ableitung der Traufe durch unterirdische Canäle.

9. Neue Fassung der Lászlóquelle, Planirung des Terrains, welche zu einer kleinen Promenade umgewandelt wurde.

10. Die Quelle Boldizsár (Balthasarquelle) neu gefasst.

11. Stützmauer zwischen dem Park und der Principalquelle zur Gewinnung eines grösseren Raumes und zur Verhütung von Erdabrutschungen, so wie auch Hintanhaltung von Erdfeuchtigkeiten, durchaus aus Steinen aufgeführt, in der Länge von 26 Klafter und 10 bis 12 Schuh Höhe.

12. Anpflanzungen von bereits mehrjährigen Bäumen längst der Hauptstrasse des Curortes von circa 120 Klafter. Anlage einer Baumschule.

13. Der Ueberbau des Lobogó in allen seinen Bestandtheilen reparirt. Das Spiegelbad um ein Drittel seines Umfanges vergrössert, neu ausgekleidet, geschottert und mit Fussgittern versehen.

14. Das schon sehr verfallene Warmbadehaus ausgebessert, die Wasserleitung unter dem Spiegel des Lobogó durch Druckwerke und Röhren in die neuen Badewannen und Kessel neu hergestellt.

Badearzt ist der seit 1858 angestellte Communalarzt der beiden Gemeinden Ditro und Szárhegy. Jährliche Bestallung 500 fl., freie Wohnung, Remuneration während der Saison.

Im Jahre 1858: gedeckte Wandelbahn 24 Klafter lang und 15 Klafter breit neu hergestellt. Zwei Badecabinete zu Moorbädern eingerichtet. Vorrichtungen zu den Douchen verbessert.

Im Jahre 1859: die Trinkquelle neben dem Lobogó und die Waldquelle neu gefasst. Die Fassung des Lobogóbades verbessert. Vom Ballhause bis zum Füllungshause eine neue Strasse angelegt. Eine Hausapotheke beim Badearzt eingerichtet. Mineralschlammbad hergestellt. Badeordnung, Trink- und Baderegeln veröffentlicht. Genaue meteorologische Aufzeichnungen.

Polizeiliche Aufsicht.

Exponirter Polizeicommissär während der Curzeit. Oeconomischer Curinspector bleibend seit 1856 angestellt. Im Jahre 1859 die Curinspection durch einen pens. k. k. Hauptmann.

Eigenthumsverhältnisse, Erhaltungsweise der Curanstalt.

Eigenthümer sind die Gemeinden Ditro und Szárhegy. Der bis 1852 unerhebliche Ertrag aus der Versendung des Mineralwassers, dem Einkommen der Glashütte, der Curanstalt u. s. w. erhöhte sich nun durch Einführung der bestehenden Füllungsmanipulation und der Taxe von 1 kr. C. M. pr. Flasche (circa zwei Millionen jährlich) auf 10.000 fl. C. M. Auf Veranlassung der h. Statthalterei wurde auch seit dem Jahre 1856 im Licitationswege für das Füllungsrecht aus allen Mineralquellen ein jährlicher Pachtschilling von 31,762 fl. 50 kr. Oe. W. auf sechs Jahre erzielt. Ueberdies für die Regalien Pachtzins im Jahre 1858 1260 fl. Oe. W.

Curtaxe, Curfond.

Die Curtaxe pr. 1 fl. C. M. Seit 1857 ein eigener Fond mit 1000 fl. C. M. aus dem Pachtertägniss gegründet, wozu jedes Jahr 1000 fl. C. M. Zuschuss geleistet werden. Cassastand am Schlusse der Saison 1858 circa 1500 fl. C. M. Curcommission seit 1856. Mitglieder: Bezirksvorsteher, Kreisarzt, Badearzt, öconomischer Curinspector und die Richter der beiden Gemeinden. Curtaxen im Jahre 1859 167 fl.

Frequenz, Provenienz, Stand der Curgäste.

Im Jahre 1858 165 Parteien mit 403 Personen. Darunter 248 Ausländer aus der Walachei und Moldau; Inländer: meist Beamte, Priester, einige Edelleute, Ausländer: Grundherren (Bojaren).

Im Jahre 1859 403 Personen. Hievon 127 aus Siebenbürgen und 122 aus der Moldau und Walachei, Standespersonen 151.

Unterkunft, Gasthäuser, Tariffe.

Zwei kleine Gasthäuser mit Traiterien, vier grössere Zinshäuser, einzelne Wohnungen in kleinern Häusern circa 40. Im Allgemeinen die Unterkunft unzureichend, unbequem, in Privathäusern ziemlich theuer. Die Gasthauswohnungen nothdürftig eingerichtet (40 kr. Oe. W. pr. Zimmer). Kost in den Traiterien gut und billig nach limitirten zweierlei Preisen. Table d'hôte 50 bis 70 kr. Warmbad 35 kr., kaltes Bad 10 kr. Oe. W. Kleiner Conversations- und Tanzsaal.

Mängel, Mittel der Abhilfe.

Zur Abstellung der wichtigsten Mängel und Uebelstände wurde von der Curcommission am 29. Mai 1858 in Gegenwart des Landes-Medicinalrathes beschlossen:

A) Für die Saison 1858.

1. Längs der neuen Stützmauer in unmittelbarer Nähe der Principalquelle eine gedeckte Wandelbahn 24° lang, 15′ breit.

2. Ein leichter hölzerner Ueberbau der Principalquelle.
3. Erweiterung des Parks bei der Principalquelle nach erfolgter Abtragung des Lázár'schen Hauses.
4. Einrichtung zweier Badecabinete zu Moorbädern, chemische Untersuchung des Moores durch den Apotheker Folberth.
5. Neue Herstellung einer Süsswasserleitung.
6. Herstellung der Vorrichtung zu den kalten Regen- und sonstigen Douchebädern in dem bestehenden Gebäude.
7. Herstellung eines bessern Zuganges zur Principalquelle.
8. Genaue Visitirung sowohl der Gemeinde- als der Privathäuser, die zur Unterbringung der Curgäste bestimmt sind, unverzügliche Veranlassung der nothwendigsten Herstellungen.
9. Entwurf einer Bade- und Trinkcurordnung, Uebersetzung derselben in drei Landessprachen.
10. Bessere Vorsorge für Beköstigung der Curgäste und Beischaffung der sonstigen Lebensbedürfnisse.
11. Tariffirung der Wohnung und Beköstigung in den Gasthäusern.
12. Beschotterung der Hauptstrasse von Lobogó bis zur Glashütte.

B) Für die nächste Zeit.

a) Neuer Aufbau eines Gasthauses auf dem commissionaliter ermittelten der Gemeinde angehörigen Platze mit zehn Wohnungen für Curgäste, einem Conversations-, zugleich Tanzsaal, zwei Nebenzimmern, Billardzimmern, Ställen, Remisen u. s. w. nach einer entworfenen Programmskizze.
b) Aufbau einer Pächterwohnung in Unter-Borszék sammt den dazu gehörigen Wirthschaftsgebäuden.
c) Neue Fassung und Sicherung der Principalquelle.

Wie eben angeführt, sind in den Jahren 1858 und 1859 mehrere dieser Mängel behoben worden.

Der Bau eines grossen Gast- und Einkehrhauses, das für Borszék das dringendste Bedürfniss ist, soll im Jahre 1860 in Angriff genommen werden.

Gegen die sehr wünschenswerthe neue Fassung des Principalbrunnens haben die Eigenthümer (die genannten Gemeinden) aus Besorgniss, es könnte hiedurch ihre reiche Einnahmsquelle ins Stocken gerathen, Verwahrung eingelegt.

7. Kászon-Jakabfalva.

Lage des Curortes, Communicationen.

½ Meile vom Dorfe gleichen Namens, 1298 Einwohner, vier Meilen von Csik Szent-Márton, dem Standorte des Kozmáser Bezirksamtes, in einer engen Karpathenschlucht. Wege gut.

Chemische Analyse.

Alkalischer Eisensäuerling.

Analyse von Dr. Pataki vom Jahre 1816, in einem Civilpfund.

Kohlensaures Natron	19·20 Gr.
„ Kalkerde	6·40 „
„ Bittererde	3·20 „
„ Eisenoxydul	0·60 „
Schwefelsaures Natron	4·80 „
Kieselerde	0 20 „
Summe der festen Bestandtheile	36·20 „
Freie Kohlensäure	48·00 C. Z.

Heilwirkungen.

Sehr gasreicher Säuerling zum Trinken und Baden gebraucht, ähnlich dem Borszéker, auch analog in den Wirkungen, besonders gegen Skrofeln der Kinder gerühmt. Als Luxusgetränk seltener im Handel vorkommend; die Flaschen springen häufig wegen dem grossen Kohlensäuregehalt.

Einrichtungen in sanitärer Beziehung.

Warmbadeanstalt mit sechs Cabineten, Douche.

Seit dem Vorjahre mehrere Reparaturen; neue Einrichtung der Wohnlocalitäten.

Kein stabiler Brunnenarzt, wöchentlich einmal Besuche von einem Arzt aus Kézdi-Vásárhely.

Im Jahre 1859 neue Herstellungen an durch Ueberschwemmung beschädigten Gebäuden.

Polizeiliche Aufsicht.

Das k. k. Bezirksamt in Csik-Szt. Márton.

Eigenthumsverhältnisse, Erhaltungsweise der Curanstalt.

Eigenthümer vier Brüder von Balázsi, gemeinschaftlich.

Curtaxe, Curfond.

Die Anstalt wird aus dem Einkommen der Bäder und Wohnlocalitäten erhalten. Keine Curtaxe. Kein Curfond.

Frequenz, Provenienz, Stand der Curgäste.

Im Jahre 1858 217 Curgäste, sämmtlich Inländer, mehrentheils Bürger aus Maros-Vásárhely. — Im Jahre 1859 192 Curgäste.

Unterkunft, Gasthäuser, Tariffe.

Wohnlocalitäten für dreissig Parteien, zum Theil gut eingerichtete Zimmer im Preise von 27 bis 60 kr. Oe. Währung täglich. Kleines Gasthaus. Mittagskost 50 kr. Oe. Währung. Warmbad 20 kr. Oe. Währ.

Mängel. Mittel der Abhilfe.

Entsprechende Fassung und Ueberbau der Quelle fehlt. Badehaus kümmerlich eingerichtet, keine Promenadeanlage. Ein kaltes Vollbad (Lobogó) wird vermisst. Eine neue chemische Analyse vom Bezirksamte beantragt.

8. Homrod.

Lage des Curortes, Communicationen.

Nahe am Dorfe Kápolnás-Oláhfalu, mit 1334 Einwohnern, zwei Meilen von der Kreisstadt Udvarhely, waldige schöne Gegend, mehrere Quellen, deren vier zumeist benützt werden. Poststrasse.

Chemische Analyse.

Eisensäuerling.

Analyse von Dr. Pataki vom Jahre 1817.

	Die untere Quelle.		Die obere Quelle.
Schwefelsaures Natron	1·20	Gr.	1·60 Gr.
„ Kalkerde	0·64	„	0·40 „
Chlornatrium	1·28	„	1·00 „
Kohlensaures Natron	3.08	„	3·90 „
„ Kalkerde	2·815	„	1·60 „
„ Bittererde	1·72	„	1·00 „
Eisenoxydul	0·60	„	0·40 „
Kieselerde	0·52	„	0·69 „
Summe der festen Bestandtheile	11·936 Gr.		10·50 Gr.
Freie Kohlensäure	32·00 C. Z.		275·5 C. Z.

Temperatur 9⁰ R.

Heilwirkungen.

Gegen Magenkatarrh, Verdauungsschwäche, chronischen Bronchialkatarrh, Menstruationsanomalien, weissen Fluss etc. empfohlen, meistens zur Nachcur gebraucht.

Einrichtungen in sanitärer Beziehung.

Im Jahre 1858 die zwei Trinkquellen in Stein und die zwei Spiegelbäder in Holz gefasst. Warmbadeanstalt reparirt. Planirung und Entsumpfung des Terrains. Einrichtung eines Eiskellers.

Aerzte aus Udvarhely.

Im Jahre 1859 nur die Planirung und Entsumpfung fortgesetzt.

Polizeiliche Aufsicht.

Durch Bezirksbeamte je nach Vorkommen.

Eigenthumsverhältnisse, Erhaltungsweise der Curanstalt

Eigenthum der Gemeinde Kápolnás-Oláhfalu, verpachtet Den Eigenthümern liegt die Instandhaltung der Curanstalt und der Wohngebäude ob.

Curtaxe, Curfond.

Keine Curtaxe, kein besonderer Fond.

Frequenz, Provenienz, Stand der Curgäste.

Im Jahre 1858 154 Badegäste meist Honoratioren, Inländer. — Im Jahre 1859 nur 100 Curgäste.

Unterkunft, Gasthäuser, Tariffe.

Hölzerne, uneingerichtete 13 Wohnhäuser für 20 Parteien ausreichend. Ein Wirthshaus, Preise tariffirt, die meisten Gäste führen eigene Menage. — Kaltes Bad 3 kr. warmes Bad 26 kr. Oe. Währ.

Mängel, Mittel der Abhilfe.

Unzulängliche kümmerliche Wohnungen, ärmlich eingerichtete Gasthaus, keine Promedeanlagen, ungenügende Vorsorge für die Bedürfnisse der Gäste. — Der Curort könnte bei besseren Einrichtungen zu grösserer Bedeutung gelangen, die Gemeinde ist aber sehr arm Die Widmung des Nationalanlehens pr. 1000 fl. C. M. für diese Anstalt hat die h. Statthalterei nicht genehmigt.

9. Tusnád.

Lage des Curortes. Communicationen.

½ Meile von Uj-Tusnád mit 1646 Einwohnern in einer sehr anmuthigen an Naturschönheiten reichen Gebirgsgegend. Gute Strassen.

Chemische Analyse.

Eisensäuerling und alkalischer Säuerling. (?)

Chemische Analyse und genaue ärztliche Erfahrungen fehlen. *) Zwei zu Bädern benützte Quellen haben eine Temperatur von circa 16° R., sind also lauwarme Quellen; ein in einiger Entfernung aus einem Felsen zu Tage kommender Säuerling wird als erfrischendes Getränk benützt.

Heilwirkungen.

Die zwei ersten Quellen werden als Vollbäder gebraucht, und gegen Gicht, Rheumatismus und chronische Hautkrankheit empfohlen.

Einrichtungen in sanitärer Beziehung.

Vollbad in zwei Reservoirs mit Ankleidecabineten.

Die Brunnen neu eingefasst. — Aerzte aus Udvárhely.

Im Jahre 1859 ein neues Haus mit 16 Wohnzimmern erbaut.

---

*) Hr. Bielz bemerkt von Tusnád in der „Landeskunde Siebenbürgens"(Hermannstadt, 1855.) S. 74, der zum Baden benützte Säuerling mit 18—20° R. Wärme, enthalte kohlensaures Gas, Chlorkalium, Chlornatrium, kohlensaures Natron, kohlensauren Kalk, kohlensaure Bittererde, kohlensaures Eisenoxydul, Thonerde und Kieselerde in noch unbestimmter Menge. Ein Blick auf die Karte lehrt die Nähe des in der Einleitung bereits erwähnten vulkanischen Kraters Büdös. — Tusnád's Quellen verdienen eine baldige genauere Untersuchung. Sigmund.

Polizeiliche Aufsicht.

K. K. Bezirksamt in Csik-Szent-Márton.

Eigenthumsverhältnisse, Erhaltungsweise der Curanstalt.

Eine vom Freiherrn Szentkereszti gebildete Actiengesellschaft.

Curtaxe, Curfond.

Keine.

Frequenz, Provenienz, Stand der Curgäste.

Einzelne Gäste, meistens Mitglieder der Actiengellschaft und deren Angehörige.

Unterkunft, Gasthäuser, Tariffe.

Einige Wohnzimmer in acht kleinen Häusern. Ein Wirthshaus, wo Kost zu finden ist. Preis eines Zimmers 40—50 kr. Oe. Währ.

Mängel, Mittel der Abhilfe.

Der erst im Jahre 1845 gegründete Curort beherbergte im Jahre 1847 schon fünfzig Parteien, meist aus dem siebenbürgischen Adel, wurde aber während der Revolutionswirren 1849 ganz zerstört; für dessen Herstellung wirkt die Gesellschaft eifrig. *Tusnád* könnte wegen seiner höchst günstigen Lage und der herrlichen Umgegend als klimatischer Curort wichtig werden. Vor Allem eine chemische Analyse der Quellen nothwendig.

Maros-Vásárhelyer Kreis.

10. Koroud.

Name und Lage des Curortes, Communicationen.

½ Meile vom Dorfe Koroud mit 2227 Einwohnern, eine Meile von der Saline zu Parajd, vier Meilen von der Stadt Udvarhely, in einem Gebirgsthale; Klima etwas rauh; Boden feucht; Strasse gut.

Chemische Analyse.

I. *Ein erdiger Säuerling.*

Analyse von Dr. Pataki, 1817.

Die Trinkquelle.

Schwefelsaures Natron	1·24	Gr.
Chlornatrium	0·330	,,
Kohlensaures Natron	0·880	,,
,, Kalkerde	4·840	,,
,, Bittererde	1·760	,,
,, Eisenoxydul	0·220	,,
Alaunerde	0·330	,,
Kieselerde	0·110	,,
Summe der festen Bestandtheile	8·98	Gr.
Freie Kohlensäure	28	C. Z.

Temperatur $+ 10^0$ R.

Eine ähnliche jedoch schwächere Quelle zu warmen Bädern benützt.

II. *Ein muriatischer Säuerling.*

¼ Stunde entfernt, dient zum Vollbad; Temperatur 14 bis 16° R., nicht näher untersucht, naphtahältig, daher das Wasser fettig, seifenartig, Geschmack stark salzig, die Quelle reich an sprudelnder Kohlensäure.

Heilwirkungen.

Die Trinkquelle, gegen Scrofeln, Bronchialkatarrh, Wurmleiden, weissen Fluss, Blasenkatarrh empfohlen, verursacht bei Manchen Magendrücken und Stuhlverstopfung (wird desshalb auch mit Karlsbader Salz- oder Seidlitzpulver getrunken).

Das Soolenbad verspricht Erfolge gegen Scrofeln, chronische Hautkrankheiten, atonische Geschwüre, Leukorrhöen, Rheumatismen. Nähere Beobachtungen fehlen.

Einrichtungen in sanitärer Beziehung.

Die Trinkquelle mit einem Ständer aus gebranntem Thon; um dieselbe beschattete Ruhesitze und Spaziergänge. Ein Badehaus stockhoch, gemauert, unten acht Badecabinete, oben sechs kleine eingerichtete Wohnzimmer, im Jahre 1855 erbaut.

An der Badequelle ein Spiegelbad mit einigen Ankleidecabineten aus Holz.

Aerzte aus Udvarhely.

Polizeiliche Aufsicht.

Vom Bezirksvorsteher in Erdő-Szent-György wöchentliche Inspectionen. Gensdarmerieposten.

Eigenthumsverhältnisse, Erhaltungsweise der Curanstalt.

Eigenthümer Graf Franz Tholdalagi, erhält die Anstalt aus den Einkünften der Badeanstalt, der Wohngebäude u. s. w.

Curtaxen, Curfond.

Curtaxe 1 fl. C. M. Kein Curfond.

Unterkunft, Gasthäuser, Tariffe.

Sieben Gebäude mit etwa 40 nothdürftig eingerichteten Wohnungen; ein Wohngebäude für die gräfliche Familie und eines für den Badeaufseher. Eine kleine Traiterie, die Kost befriedigend.

Frequenz, Provenienz, Stand der Curgäste.

Durchschnittlich 200 Curgäste, meistens aus dem Mittelstande, Bürger und Kaufleute aus Maros-Vásárhely.

Mängel, Mittel der Abhilfe.

Zumeist erforderlich genaue Analyse, besonders der Badequellen; zuverlässigere ärztliche Beobachtungen. — Trockenlegung des feuchten Terrains, Umbau des schlecht eingerichteten Vollbades, Herstellung eines Trinkwasserbrunnens, bessere Einrichtung der Wohnungen, der Badezimmer, des Gasthauses u. s. w. — Die Anstalt rentirt sich nicht, wird vom Eigenthümer vernachlässigt. —

Im Jahre 1859 angeordnet: Herstellung neuer Badewannen statt der abgenützten hölzernen und unbrauchbaren kupfernen. Neubau eines Gasthauses oder wenigstens gründliche Herstellung des bestehenden. Bessere Einrichtung und Tariffirung der Wohnzimmer im Gasthause. Genaue Handhabung der Fremden-Polizei.

Bistritzer Kreis.

II. Rodna.

Lage des Curortes, Communicationen.

Die unter diesem Collectivnamen bekannten Quellen entspringen in der Nähe des Vorortes des Bezirkes, bei dem Marktflecken Rodna mit 2160 Einwohnern und bei dem Dorfe Szent-György mit 2183 Einwohnern. In einer von Waldungen umkränzten sehr schönen Gebirgsgegend, von Bistritz sechs Meilen entfernt; Strassen gut.

Chemische Analyse.

Alkalisch-muriatische Säuerlinge.

Neueste Analyse, im Auftrage der Landesregierung, von Phil. Doctor und Magister der Pharmacie Friedrich Folberth im Jahre 1858 vorgenommen:

I. Quelle *Szent-György* nächst dem Dorfe. Das Wasser dieser Quelle enthält in 1 Civilpfund = 7680 Gr.

Schwefelsaures Kali		Spuren
Chlorkalium		2·2513 Gr.
Chlornatrium		20·0494
Jodnatrium		0·0304
Kohlensaures Natron		18·7809
„	Lithion	Spuren
„	Kalk	9·2970
„	Bitterde	3·4156
„	Eisenoxyul	0·1585
Thonerde		0·1312

Kieselsäure	0·3062 Gr.
Organische Substanz	Spuren
Summe der festen Bestandtheile	54·4205
Halbgebundene Kohlensäure	13·6846
Freie Kohlensäure	15·9918
Summe sämmtlicher Bestandtheile	84·8969

Temperatur = + 13,5° R. (Folberth.)

II. *Dombhát*-(Hügel-) Quelle
½ Stunde von Rodna.

III. *Vale vinului*,
2 Stunden von Rodna.

Diese Quellen enthalten in einem Civilpfund = 7680 Gr.

Schwefelsaures Kali	Spuren	0·3426 Gr.
,, Natron	....	0·8150
Chlorkalium	1·5443	....
Chlornatrium	7·9851	2·3998
Kohlensaures Natron	14·0312	1·9831
,, Lithion	Spuren	....
,, Kalk	11·2136	3·7810
,, Bittererde	3·4174	0·9108
,, Eisenoxydul	0·0950	0·1910
Kieselsäure	0·2628	0·2840
Thonerde und organische Substanz	Spuren	Spuren
Summe der fixen Bestandtheile	38·5494	10·7073
Halbgebundene Kohlensäure	12·5366	3·0233
Freie Kohlensäure	16·1498	14·0077
Summe sämmtlicher Bestandtheile	67·2358	27·7383

Temperatur = +12,6° R. Temperatur = +10° R.

(Folberth.)

Heilwirkungen.

Die Szent-Györgyer und Dombháter Quellen werden meistens als Hauptcur und die Quelle Vale-vinului als Nachcur gebraucht. Die ersteren an kohlensaurem Natron und Chlornatrium sehr reichen Quellen werden gerühmt gegen inveterirte Wechselfieber, Leber- und Milzinfarcten, Trägheit der Verdauung, der Darmfunctionen, Hämorrhoidalleiden, Menstruationsanomalien, Uterinalblennorrhöe, bei chronischem Lungenkatarrh, Nieren- und Blasensteinen, Scrofeln, Nervenschwäche, Hypochondrie und Hysterie.

Die Dombháter Warmbäder in chronisch-rheumatischen und arthritischen Leiden; die kalten Vollbäder in Entkräftigungszuständen.

Einrichtungen in sanitärer Beziehung.

Die Szent-Györgyquelle im Jahre 1858 neu gefasst, mit Ruhesitzen umgeben, eine Wasserleitung angelegt, ein hölzernes Badhaus mit acht Cabineten für warme Bäder erbaut, ein geräumiges Bassin für kalte Bäder mit abgesonderten Abtheilungen für Männer und Frauen und eine Douche errichtet. – Im Jahre 1857 Trinkhalle mit zwei Zimmern erbaut. — Die Dombháterquelle im Jahre 1856 in einen steinernen Ständer gefasst, durch ein zierliches Dach geschützt. Daneben ein hölzernes Badhaus mit sechs Cabineten für warme Bäder. — Heizung durch Wasserdämpfe, Bassin für kalte Bäder. — Die Vale Vinului-Quelle nur zur Trinkcur gebraucht, mangelhaft in einen ausgehöhlten Baumstamm gefasst.

Etwas höher eine zweite sehr kalte Quelle zu Bädern mit Vorliebe benützt, dabei ein vom Grafen Bethlen Sándor im Jahre 1855 errichtetes schönes Vollbad mit zwei Bassins und Auskleidecabineten.

Das Antonia-Kaltbad bei Dombhát, verwahrlost, nicht analysirt. — Cameral-Bergarzt Sigmund Bartok ist Badearzt gegen eine Remuneration aus den Curtaxen.

Polizeiliche Aufsicht.

Wird vom k. k. Bezirksamte zu Rodna besorgt.

Eigenthumsverhältnisse, Erhaltungsweise der Curanstalt.

Die Quelle Szent-György gehört der gleichnamigen sehr armen Gemeinde, welche die bisherigen Herstellungen aus eigenen Mitteln bewirkte. — Die Dombháter Anstalt gehört seit 1855 dem Grafen Alexander Bethlen. — Antonia-Vollbad ist Eigenthum des Bergarztes Bartok.

Curtaxe, Curfond.

Curtaxe in Dombhát 1 fl. C. M. Ein Fond nicht ausgewiesen. Die Anstalt verpachtet, trägt dem Eigenthümer Grafen Bethlen Sándor 2000 fl. C. M. jährlich.

Das Mineralwasser von Szent-György wurde in letzterer Zeit in bedeutender Qualität, sowohl als Heil- wie auch als Genussmittel verführt; eine Füllungstaxe besteht bisher nicht.

Frequenz, Provenienz, Stand der Curgäste.

In den letzten Jahren durchschnittlich 200 Badegäste. Inländer aus allen Ständen. Im Jahre 1859 270 Gäste, sämmtlich Inländer.

Unterkunft, Gasthäuser, Tariffe.

In Dombhát einige kleine Wohnungen, nächst der Badeanstalt das Wirthshaus daselbst klein, nothdürftig eingerichtet, ein Zimmer 24 bis 47 kr. C. M. Die Kost gut und billig, Mittagskost 30 bis 36 kr. Warmes Bad 16 kr., kaltes 4 kr. C. M., auch sonstige Artikel im Gasthause tariffirt. — In Rodna Unterkunft in kleinen reinlichen Häusern, doch unzulänglich und von den Quellen Dombhát und Vale vinului zu sehr entfernt. An letzterer im Walde befindlichen Quelle keine Unterkunft.

Die Szent-Györgyerquelle Besuchende müssen sich meist mit den Wohnungen in den Bauernhäusern begnügen. Die im Jahre 1855 nächst der Szent-Györgyer Badeanstalt erbauten sechs Cabinete sind kümmerlich eingerichtet.

Mängel, Mittel der Abhilfe.

Grosse Noth an Wohnungen, sämmtliche Cureinrichtungen schon sehr mangelhaft, besonders in den Badehäusern und bei den Vollbädern, deren Zu- und Abfluss nicht geregelt, daher Stagnation und Verunreinigung des Wassers. Bei dem geringen Einkommen der Szent-Györgyer Anstalt und der Armuth der Gemeinde keine Mittel zu solideren Baulichkeiten und zweckmässigeren Einrichtungen; doch sind seit 1855 schon mehrere Verbesserungen bewirkt worden. — Dagegen besitzt der Eigenthümer der Dombháter Anstalt schon aus den

Erträgnissen derselben hinlängliche Mittel zur Emporhebung der Cureinrichtungen; doch bleiben die diesfälligen behördlichen Aufforderungen fruchtlos. — Umfassendere Erhebungen zur Regulirung der Curanstalten an den Rodnaerquellen sollen auf Grund der neuesten Analyse erst gepflogen werden. Da die Szent-Györgyer und Dombháter Quellen zu den vorzüglichsten der bekannten Natronsäuerlinge zählen, so könnte der Curort bei entsprechenderen Einrichtungen zu einer höheren Bedeutung gelangen.

Als die nothwendigsten Herstellungen werden bezeichnet: Bei den Quellen in Szent-György: Errichtung eines zweiten Vollbades für Frauen, einer gedeckten Wandelbahn, Anpflanzung von Baumalleen, bessere Einrichtung des Warmbades. — Bei dem Bade in Dombhát: gründliche Reinigung der Quellen, thunlichste Vermehrung des Wasserzuflusses, Bau eines neuen Bassins, umfassende Reparaturen an den Auskleidecabineten und Badezimmer. — In Vale vinului: Bau von Wohnungen in der Nähe der Quellen.

Die Szent-Györgyer Gemeinde ist um eine Anleihe von 6000 fl. aus öffentlichen Fonden behufs der Ausführung der nothwendigsten Badeanstalten eingeschritten. Die Verhandlung steht im Zuge. *)

---

*) Herr Dr. Phil. Folberth hat seine Analyse der Rodnaer Quellen in den Verhandlungen und Mittheilungen des Siebenbürgischen Vereins für Naturwissenschaften (Hermanustadt, 1859) ausführlich mitgetheilt, und dadurch den Sachverständigen Einsicht in den Vorgang seiner Untersuchung gegeben; es sollte keine neue Analyse anders als ebenso anständlich veröffentlicht werden. Dieser Analyse gemäss sind die Quellen von Szent-György und Dombhát äusserst berücksichtigenswerthe muriatische Natronsäuerlinge; die *Szent-Györgyer* Quelle hat auf 54 Gran fester Bestandtheile 18 Gran kohlensaures und 20 Gran salzsaures Natron; die *Dombháter* auf 38 Gran 14 Gran kohlensaures und fast 8 Gran salzsaures Natron. Bilin, Selters und Gleichenberg sind zunächst die gefeierten Quellen des Auslandes, mit denen die Rodnaer zu vergleichen wären. — Bemerkenswerth ist die Ergiebigkeit der Szent-Györgyer Quelle = 14·8 Mass in einer Minute (Folberth), während die Dombháter nur zwei Mass liefert. *Sigmund.*

Dééser Kreis.

12. Stoikafalva.

Lage des Curortes, Communicationen.

Dorf mit 360 Einwohnern, eine Stunde von Magyar-Lápos, fünf Stunden von Déés. Gute Strassen.

Chemische Analyse.

Alkalisch-salinische Quelle.

Nach Dr. Pataki, vom Jahre 1816, in einem Civilpfund:

Kohlensaure Kalkerde........	4· 2 Gr.
„ Magnesia	6· 0 „
Alaun...	1· 0 „
Kieselerde	0· 8 „
Chlornatrium	18·12 „
Schwefelsaures Natrum.........	26· 8 „
Kohlensaures Natrum	7· 2 „
Summe der fixen Bestandtheile ..	65·44 Gr.
Freie Kohlensäure........	40· 0 C. Z.

Temperatur + 8·5 R.

Heilwirkungen.

Dieses an Glaubersalz reiche Mineralwasser bewährte sich gegen Blutstockungen in den Unterleibsorganen, bei Milz- und Leberhyperämie, Polycholie, Gelbsucht, hartnäckigen Wechselfiebern, bei habitueller Stuhlverstopfung, Hämorrhoidalleiden, Gekrösdrüsenverhärtung, Scrofelkrankheit, chronischer Blennorrhöe und Amenorrhöe, auch in chronischen Katarrhen der Athmungsorgane. Als Bad die Hautthatigkeit belebend, innere Stockungen lösend, auch gegen Gicht heilsam.

Einrichtungen in sanitärer Beziehung.

Das Wasser sammelte sich bisher in einem ausgehöhlten Baumstamme, darüber ein Säulendach. — Badeanstalt mit 10 Cabineten und 12 Wannen; das Wasser wird auch als ein in der Umgegend gesuchter Handelsartikel verführt.

Im Jahre 1859 wurde die Hauptquelle durch den Brunnentechniker Albertha neu in Stein gefasst und vom Zuflusse der Sickerwässer geschützt, wodurch die Wirksamkeit des Mineralwassers sehr erhöht worden ist.

Polizeiliche Aufsicht.

Vom k. k. Bezirksamte zu Magyar-Lápos wöchentlich inspicirt. Während der Saison ein Badearzt.

Eigenthumsverhältnisse, Erhaltungsweise der Curanstalt.

Eigenthümer Graf Stephan Esterházy. Seit 1856 ist die Anstalt gegen den Zins von 2000 fl. C. M. für drei Jahre verpachtet.

Curtaxe, Curfond. Seit 1855 Curtaxe 1 fl. C. M. Kein Curfond.

Frequenz, Provenienz, Stand der Curgäste.

Im Jahre 1858 110 Parteien: Siebenbürger 65, Ungarn 45, meist Bürger, Kaufleute, Gutsbesitzer. — Im Jahre 1859 nur 72 Curgäste.

Unterkunft, Gasthäuser, Tariffe.

24 kleine Gastzimmer, Remisen, Stallungen, auch Unterkunft in den benachbarten Dörfern Stoikafalva und Kis-De-

breczin. Ein Gastgeber versieht die Curgäste mit guter billiger Kost nach Tariff. Seit 1857 Trockenlegung des Hauptplatzes, Anlage von Alleen, Neubau eines grösseren hölzernen Gasthauses mit Saal, zwei Seiten-Zimmern. Süsswasserbrunnen, Kegelbahn.

Mängel, Mittel der Abhilfe.

Desiderata: neue chemische Analyse, gedeckte Wandelbahn, Bau mehrerer Wohnlocalitäten, bessere Einrichtung der Badecabinete, Vermehrung der Promenadeanlagen.

Der Eigenthümer, Graf Stephan Esterházy, bemüht sich die Anstalt zu heben; der Ingenieur Albertha ist im Jahre 1859 zur Projectirung und Einleitung der erforderlichen Arbeiten nach Stojkafalva berufen worden. Bis zur Saison 1860 mehrere Verbesserungen und Verschönerungen zugesichert.

13. Kis-Czég.

Lage des Curortes, Communicationen.

Dorf mit 550 Einwohnern in der sogenannten Mezőség, vom Standorte des Bezirksamtes Mocs 2⅝ Meilen; fahrbarer Landweg.

Chemische Analyse.

Bitterwasser.

Die Hauptquelle (unter vier ähnlichen Quellen) (mit + 9° R.) enthält nach Pataki in 1 Civilpfund:

Kohlensauren Kalk	1·20 Gr.
Kohlensaure Magnesia	2·00 ,,
Alaun	0·80 ,,
Schwefelsaure Magnesia	24·00 ,,
Schwefelsaures Natron	105·60 ,,
Chlornatrium	10·80 ,,
Summe der fixen Bestandtheile	145·40 Gr.
Freie Kohlensäure	2·40 C. Z.

Heilwirkungen.

Wirkung purgirend; in kleinern Quantitäten längere Zeit gebraucht gegen Trägheit der Darmfunctionen, habituelle Stuhlverstopfung, Hämorrhoidalleiden, Leber- und Milzanschoppungen, gegen Nachkrankheiten der in der Mesőrég endemischen Wechselfieber, gegen atonische Fussgeschwüre (äusserlich) mit gutem Erfolge.

Einrichtungen in sanitärer Beziehung.

Es besteht keine Trink- und Badeanstalt.

Polizeiliche Aufsicht. Keine.

Eigenthumsverhältnisse, Erhaltungsweise der Curanstalt.

Grundeigenthümer Franz Bakó.

Curtaxen, Curfond. Keine.

Frequenz, Provenienz, Stand der Curgäste.

Das Wasser wird sehr selten an Ort und Stelle getrunken, dagegen in viele Gegenden des Landes versendet.

Unterkunft, Gasthäuser, Tariffe.

Nothdürftige Unterkunft in einem Wirthshause des Grundeigenthümers.

Mängel, Mittel der Abhilfe.

Da das Wasser ohne Verlust seiner Heilkraft verführt werden kann, so war auch hier eine Curanstalt bisher kein fühlbares Bedürfniss. Als erforderlich erscheint eine neue Analyse, bessere Fassung der Quelle, zweckmässigere Füllungsmanipulation.

14. Kerő.

Lage des Curortes, Communicationen.

Im Dééser Bezirke an der Landstrasse von Klausenburg nach Déés, von Szamos-Ujvár ⅛ Meile.

Chemische Analyse.

Kalte salinische Schwefelquellen.

Nach einer vor etwa dreissig Jahren von einem Apotheker vorgenommenen mangelhaften Analyse in einem Civilmasse:

Salzsaures Natron	38 Gr.
Schwefelsaures Natrum	36 „
Salzsaurer Kalk	6 „
Kohlensäure	4 „

und eine nicht bestimmte doch bedeutende Quantität Schwefelwasserstoffgas.

Heilwirkungen.

Wirksam gegen Flechten, Krätze, veraltete Fussgeschwüre, Rheumatismus, Gicht, chronischen Bronchialkatarrh, Scrofeln, Mercurialcachexie.

Einrichtungen in sanitärer Beziehung.

Hölzerne Badeanstalt mit 12 Cabineten und 24 Wannen, für warme Bäder; mangelhaft eingerichtet und reparaturbedürftig.

Im Jahre 1855 zwei Bassins bei der aufgefundenen zweiten ähnlichen Quelle für kalte Bäder errichtet.

Der Stadtarzt von Szamos-Ujvár besucht den Curort wöchentlich drei- bis viermal. — Im Jahre 1859 wurde das Badehaus in allen Bestandtheilen restaurirt.

Polizeiliche Aufsicht.

Aufsichtsorgane des k. k. Bezirksamtes zu Dées. Gendarmerie-Patrouille.

Eigenthumsverhältnisse, Erhaltungsweise der Curanstalt.

Eigenthümer Stephan Zachariä, k. k. Postmeister zu Szamos-Ujvár. Sollte 1858 im executiven Wege veräussert werden.

Curtaxe, Curfond. Keine Curtaxe. Kein Curfond.

Frequenz, Provenienz, Stand der Curgäste.

Die Badeanstalt wird fast ausschliessend nur von den Bewohnern Szamos-Ujvárs besucht, welche die Bäder vielmehr zur Reinigung als zur Cur brauchen; im Jahre 1858 gebraucht 1440, im Jahre 1859 927 Bäder.

Unterkunft, Gasthäuser, Tariffe.

Theils in sechs kleinen schlecht verwahrten Zimmern des Badehauses, theils in besseren des ganz nahe gelegenen gemauerten Wirthshauses, wo auch Kost zu finden. Preis der Gastzimmer 42 kr. pr. Tag. Ein Warmbad mit Wäsche 42 kr. Oe. Währ.

Ein grösseres Gebäude für Curgäste aus solidem Materiale steht im Baue. — Spaziergänge mit einem Lusthaus. — Seit 1855 einige Reparaturen und Einrichtungen in der Badeanstalt.

Mängel, Mittel der Abhilfe.

Die Quellenfassung, die Wasserleitungen, Badevorrichtungen mangelhaft, kaum reparaturfähig, sollten neu hergestellt, die Quellen neu analysirt werden. Wegen misslichen Vermögensverhältnissen des Eigenthümers bisher keine wesentlichen Verbesserungen; durch den bevorstehenden Verkauf dürfte die Anstalt in bessere Hände kommen. Bis zur Saison 1860 sollen bessere Einrichtungen in den Bade- und Gastzimmern beschafft werden.

Szilágy-Somlyóer Kreis.

15. Zovány.

Lage des Curortes, Communicationen.

In der Nähe des Dorfes gleichen Namens mit 883 Einwohnern. Zwei Stunden von der Kreisstadt Szilágy-Somlyó, gute Strasse, gesunde Lage, doch kahle Gegend.

Chemische Analyse.

Alaunquelle.

Analyse von Dr. Pataki vom Jahre 1816. In 1 Civilpfund:

Schwefelsaure Kalkerde	18·416 Gr.	
„ Bittererde	8·42	„
„ Eisenoxydul	2·80	„
„ Alaun	66·40	„
Salzsaure Bittererde	0·60	„
Extractivstoff	0·80	„
Summe der festen Bestandtheile	97·036 Gr.	

Heilwirkungen.

Das an Alaun reiche stark eisenhältige Mineralwasser als Bad sehr heilsam in chronischen Profluvien, Blennorrhöen, Gebärmutterblutungen, atonischen Geschwüren, auch gegen secundär-syphilitische Leiden, Hautausschläge, chronischen Rheumatismus, Gicht empfohlen; genauere Beobachtungen fehlen bisher.

Einrichtungen in sanitärer Beziehung.

Hölzernes Badhaus mit acht Badezimmern. — Neues Badhaus aus hartem Materiale seit 1858 im Baue. — Wird vom Arzte aus Szilágy-Somlyó besucht. — Im Jahre 1859 Auskleidelocale am Freibade. —

Polizeiliche Aufsicht. Periodisch von Seite des Bezirksamtes zu Zovány.

Eigenthumsverhältnisse, Erhaltungsweise der Curanstalt.

Eigenthümer sechs Grundbesitzer. Seit 1858 um den jährlichen Betrag von 1090 fl. C. M. mit der Bestimmung verpachtet, den Pachtschilling durch drei Jahre zu Bauführungen in der Anstalt zu verwenden.

Curtaxe, Curfond. Keine Curtaxe, kein Curfond.

Frequenz, Provenienz, Stand der Curgäste.

Im Jahre 1858 320 Curgäste aus Siebenbürgen und Ungarn, gegen die Vorjahre bedeutend grösser, mehrentheils Frauen. Wegen den mangelhaften Einrichtungen meist nur von der ärmern Classe besucht.

Im Jahre 1859 325 Curgäste, darunter Honoratioren 51.

Unterkunft, Gasthäuser, Tariffe.

Zehn Wohnzimmer, 52 bis 84 kr. Oe. Währ. pr. Tag. Viele Gäste wohnen im nahen Dorfe Ische. Kost vom Pächter nach Tariff. Warmes Bad 35 kr., kaltes 17 kr. Oe. Währ.

Mängel, Mittel der Abhilfe.

Grosse Wohnungsnoth, fehlerhafte Wasserleitung, morscher, unbedeckter Wasserbehälter, daher das Wasser durch atmosphärische Einflusse, Regen u. s. w. an seiner Wirksamkeit sehr verliert; die Badezimmer nicht zureichend, schlecht eingerichtet, keine schattigen Spaziergänge. — Die Bestrebungen der Eigenthümer sind bei ihren geringen Mitteln nicht zureichend. — Eine neue Analyse und genauere ärztliche Beobachtungen erforderlich.

Karlsburger Kreis.

16. Tür.

Lage des Curortes, Communicationen.

Dorf mit 1455 Einwohnern. ½ Stunde vom Marktflecken Blasendorf. Die Quelle ½ Stunde von Tür. Communication schwierig, durch das Austreten des Kokelflusses zeitweise gehemmt. Ebene.

Chemische Analyse.

Bitterwasser.

Nach einer alten Analyse von Dr. Török in einem Civilpfund Wasser:

Schwefelsaures Natron	120·60 Gr.
„ „ Bittererde	20·00 „
Chlornatrium	10·20 „
Kohlensaure Bittererde	12·40 „
„ Kalkerde	1·10 „
Summe der Bestandtheile	164·30 Gr.

(nicht sehr ergiebige Quelle).

Heilwirkungen.

Das stark purgirende Mineralwasser wird in den bereits bei Kis-Czég erwähnten Krankheiten gerühmt und insbesondere als Abfuhrmittel gleich dem Pülnaer Wasser verordnet.

Einrichtungen in sanitärer Beziehung.

Im Orte zur Trinkcur nicht benützt, wird es in 6—7000 Massflaschen jährlich verführt.

Polizeiliche Aufsicht.

Ein Aufseher wohnt neben der Quelle, der die Reinhaltung derselben und die Füllung zu überwachen hat.

Eigenthumsverhältnisse, Erhaltungsweise der Curanstalt.

Allodialgrund des griechisch-katholischen Bisthums. — Eine Hütte neben der Quelle für den Aufseher.

Curtaxe, Curfond.

Füllungstaxe 3 kr. öst. W. pr. Flasche.

Frequenz, Provenienz, Stand der Curgäste.

Keine.

Unterkunft, Gasthäuser, Tariffe.

Nicht vorhanden.

Mängel, Mittel der Abhilfe.

Nothwendig: neue Fassung und Bedachung der Quelle, Nachforschungen zur Gewinnung einer grösseren Menge des Wassers, ein Füllungshaus mit besseren Vorrichtungen zur Schliessung der Flaschen, neue Analyse. — Die diesfalls im Jahre 1859 an das Bisthum gestellten Anforderungen blieben erfolglos.

17. Al-Gyógy.

Lage des Curortes, Communicationen.

Beim Dorfe gleichen Namens mit 1173 Einwohnern, die Ansiedlung an den Bädern heisst Feredö-Gyógy. $1\frac{1}{4}$ Meile von der Kreisstadt Broos auf einer von Waldungen umgebenen Anhöhe. Bis Broos Reichsstrasse, Landwege fahrbar. Wegen der etwas unsicheren Ueberfuhr über den Marosfluss wurde im Jahre 1859 die erforderliche Verfügung getroffen, auch soll bald der Bau einer besseren Strasse beginnen.

Chemische Analyse.

Alkalische Thermen. Temperatur $+ 25$ und $25.5°$ R.

Neueste Analyse, im Auftrage der h. Statthalterei, vom Apotheker Peter Schnell 1857.

In 1 Pfund Mineralwasser $= 7680$ Gr. sind enthalten:

Schwefelsaures Natron	0·8755
„ Magnesia	1·3890
Chlornatrium	0·7834
Kohlensaures Natron	4·3141
„ Magnesia	1·2365
„ Kalkerde	1·6128
„ Eisenoxydul	0.2688
Kieselsäure	0·1740
	10·6541
Freie Kohlensäure	7·0810
Summe sämmtlicher Bestandtheile	17·7351

Es bestehen drei Quellen, die nach ihren chemischen Bestandtheilen ziemlich gleich sind; die Quelle, welche das Rosaliabad speist, um $\frac{1}{2}°$ wärmer. — Eine davon heisst Apafi's-quelle. — Die Quellen sehr wasserreich, so dass sie 50 Klafter vom Ursprunge Mühlen treiben. —

Heilwirkungen.

Gegen Rheuma, Gicht und deren Folgen, veraltete Exsudate, chronische Hautausschläge, atonische Geschwüre, Neuralgieen, Paralysen, Blennorrhöen der Athmungs-, der Geschlechtsorgane u. a. m.

Einrichtungen in sanitärer Beziehung.

Vier Spiegelbäder mit Auskleidecabineten, das Rosaliabad mit der ergiebigsten Quelle, das Spiegelbad I und II in Stein, III und IV in Holz gefasst, theilweise schadhaft.

Aerzte aus der nahegelegenen Kreisstadt Broos.

Polizeiliche Aufsicht. Vom nahen Bezirksamt in Al-Gyógy.

Eigenthumsverhältnisse, Erhaltungsweise der Curanstalt.

Eigenthümer Baron Johann Bornemiszsza in Klausenburg, seit 1855—1861 verpachtet.

Curtaxe, Curfond. Keine.

Frequenz. Provenienz, Stand der Curgäste.

Seit dem Jahre 1849, wo während der Revolutionsunruhen die Gebäude stark beschädigt wurden, bis 1855 nur von einzelnen Gästen besucht. Im Jahre 1855 216 Parteien, meist aus der Umgegend, Grundherren, Kaufleute, Handwerker. In den letzten Jahren durchschnittlich 500 Badegäste. Im Jahre 1859 nur 112 stabile Badegäste wegen der ungünstigen Witterung im Juni und Juli.

Unterkunft, Gasthäuser, Tariffe.

Baufälliges Gasthaus mit 20 spärlich eingerichteten Stuben, Kost und Bedienung nach billiggestellten Preisen, vier Wohngebäude reparaturbedürftig, nothdürftig eingerichtet. — Unzulängliche Unterkunft auch in Bauernhäusern. Im Jahre 1859 ein Gasthaus mit 9 Zimmern, 2 Speisesälen, Kellnerei u. s. w. neu erbaut, soll im Jahre 1860 eröffnet werden.

Mängel, Mittel der Abhilfe.

Dringend nothwendig mehrere Badecabinete, bessere Einrichtung der Spiegelbäder, umfassendere Vorsorge für die Bedürfnisse der Curgäste; die diesfalls an den Eigenthümer ergangenen behördlichen Aufforderungen hatten bisher keinen erheblichen Erfolg. — Für das Jahr 1860 steht der Umbau der Badeanstalt, Vermehrung der Ankleidecabinete, Planirung und Bepflanzung des Terrains u. s. w. in Aussicht.

Brooser Kreis.

18. Alsó-Vátza.

Lage des Curortes, Communicationen.

Beim Dorfe gleichen Namens, mit 391 Einwohnern, im Halmágyer Bezirke am Kőrösflusse, $1\frac{1}{4}$ M. von der Bergstadt Kőrösbánya, 2 M. vom Standorte des Bezirksamtes Halmágy, in einem höchst anmuthigen Bergkessel. Gut erhaltene Strassen.

Chemische Analyse.

Salinisch-erdige Thermen.

Temperatur $+ 29^0$ und 27^0 R.

Neueste Analyse von Peter Schnell 1856. In einem Pfund Wasser $= 7680$ Gr.

Kohlensaurer Kalk	0·4822 Gr.
„ Magnesia	0·0350 „
„ Eisenoxydul	0·1229 „
Schwefelsaurer Kalk	1·7565 „
„ Kali	0·5091 „
„ Natron	0·4244 „
Chlornatrium	2·1040 „
Chlormagnium	2·4058 „
Kieselsäure	0·3270 „
Summe der Bestandtheile	8·1669 Gr.

Heilwirkungen.

Schwefelwasserstoffgas (?) unbestimmbar (?). Die Quelle I $+ 29^0$ R., — II 27^0 R. — Nach den chemischen Bestandtheilen beide Quellen gleich, deren Ergiebigkeit unzureichend. — Eine Mineral-Trinkquelle in neuester Zeit entdeckt, Temperatur 16° R., chemisch nicht untersucht, zur Cur nicht benützt.

Heilwirkungen.

Bei chronischen Hautkrankheiten, Rheumatismus, Gicht-, Nieren- und Blasenkrankheiten, Leber-, Milz-, Gekrösedrüsen-Verhärtungen, Mercurial-Kachexie, Chlorose, Schwäche der Sexualorgane. Die ärztliche Beobachtung noch mangelhaft.

Einrichtungen in sanitärer Beziehung.

Zwei Badehäuser mit Spiegelbädern und Cabineten, die Spiegelbäder sehr klein mit hölzernen Einfassungen, Wasserstand nur $1\frac{1}{2}$—$3\frac{1}{2}$ Schuh. — In einem der Badehäuser ein kleines heizbares Vorzimmer. — Die Trinkquelle mit einer steinernen Einfassung; Parkanlagen mit hohen schönen Pappel- und Lindenalleen. — Besuche vom Bezirksarzt in Halmágy.

Polizeiliche Aufsicht. Vom k. k. Bezirksamte zu Halmágy und dem Ortsvorstande.

Eigenthumsverhältnisse, Erhaltungsweise der Curanstalt.

Eigenthümer: Erben des Grafen Bethlen G.; verpachtet.

Curtaxe, Curfond. Kein Curfond. Curtaxe 1 fl. Oe. W.

Frequenz, Provenienz, Stand der Curgäste.

1858: 17 Parteien, 22 Personen, Inländer aus der nächsten Umgebung. — Wegen regnerischem Wetter geringe Frequenz, sonst auch unerheblich. — 40—50 im Jahre 1859.

Unterkunft, Gasthäuser, Tariffe.

Drei Zimmer im Badehause selbst, drei verwahrloste Gebäude mit 14 Gastzimmern, 11 fl. 55 kr. ö. W. monatlich; Speise- und Tanzsaal. Zimmereinrichtung notdürftig. — Kost im Gasthause 56—84 kr. ö. W. das Gedeck, und Spiegelbad 5 kr., mit Wäsche 7 kr. ö. W.

Mängel, Mittel der Abhilfe.

Die Cureinrichtungen erfordern eine gänzliche Umstaltung; vor Allem nothwendig Forschungen nach ergiebigeren Thermalquellen; ferner Bau grösserer Spiegelbäder, zweckmässigere Wasserleitungen, mehrere Cabinete auch zu Einzelnbädern, Adaptirung der bestehenden Wohngebäude, des Gasthauses, bessere Einrichtung dieser Localitäten. Die Analyse wäre durch die quantitative Bestimmung des Schwefelwasserstoffgehaltes zu ergänzen, auch die neue Mineralquelle chemisch zu untersuchen. — Bisher nur die unentbehrlichsten Reparaturen bewirkt, die Zimmereinrichtungen und Parkanlagen besser besorgt. Andere Anforderungen blieben unbefriedigt. — Genauere Localerhebungen und Anträge zur Regelung dieses wichtigen Curortes stehen in diesem Jahre bevor.

19. Kis-Kalán.

Lage des Curortes, Communicationen.

Beim Dorfe gleichen Namens, mit 146 Einwohnern, 2 M. vom Bezirks-Vororte Vajda-Hunyad.

Chemische Analyse.

Alkalisch erdige Thermen. Temp. 24° R.

Nach Dr. Pataki's Analyse, von 1816, in 16 Unzen:

Kohlensaure Kalkerde............	2·00 Gr.
„ Magnesia .	2·40 „
Kohlensaures Natron.........	2·40 Gr.
Schwefelsaures Natron........	1·80 „
Chlornatrium	1·00 „.
Summe der festen Bestandtheile	9·60 „
Kohlensäure................	9.6 C. Z.

Heilwirkungen.

In gichtisch rheumatischen Leiden, Scrofeln, chronischen Hautausschlägen empfohlen (genaue Beobachtungen fehlen).

Einrichtungen in sanitärer Beziehung.

Hauptquellen in einer konischen Felsenaushöhlung, ein Werk aus der Römerzeit, ungedeckt, verfallen. Andere vom Zuflusse der Tagewässer nicht gehörig geschützte Quellen in zwei kleinen hölzernen Bassins gesammelt.

Polizeiliche Aufsicht. Keine.

Eigenthumsverhältnisse, Erhaltungsweise der Curanstalt.

Nicht nachgewiesen.

Curtaxe, Curfond. Keine.

Frequenz, Provenienz, Stand der Curgäste.

Nur von Landbewohnern der Umgegend benützt.

Unterkunft, Gasthäuser, Tariffe.

Ausser zwei Badebassins keine Cureinrichtungen.

Mängel. Mittel der Abhilfe.

Die Bezeichnung der nothwendigen Einrichtungen an diesen ganz in Verfall gerathenen Thermen, die schon den Römern bekannt waren, kann erst nach vorherigen genaueren Localerhebungen erfolgen.

Alphabetisch geordnetes Register.

	Seite		Seite
Alaunquelle	6, 65	Ferdinandsquelle (Baassen)	21, 22
Albertha .. 23, 31, 34, 40, 60,	61	Ferdinandsquelle (Zaizon)	...26, 27
Alkalinische Säuerlinge	49	Feredö-Gyógy	69
Alkalischer Eisensäuerling	45	Folberth Dr. 10, 21, 24, 35, 44,	54
Akalisch-erdige Säuerlinge	39	Fons principalis (Borszék)	39
Akalisch-erdige Thermen	73	Franzensquelle	26, 27
Akalische Thermen	69	Frauenteich grüner	17, 18
Akalisch-muriatische Säuerlinge 35,	54	Gasbad in Vajnafalva	36
Alkalisch-salinische Quelle	69	Gase	12
Al-Gyógy	4, 69	Gergelyfi A.	14
Alsó-Vátza	4, 71	Glaubersalzquellen 59, 61,	67
Antonia-Kaltbad	56	Greissing Carl von, Dr. 15,	46
Apafi's-Quelle	69	Györgyó-Szent-Miklos	39
Aszszonytó	17, 18	Halmágy	71
Baassen 3, 4, 9, 10,	21	Hermannstädter Kreis	17
Bábolna	4	Héviz	4
Balthasarquelle	41	Homród	47
Barbenius T.	14	Homroder Quellen obere, untere .	47
Béldibrunnen	34	Horgáczquelle	36
Bélteki S.	5, 15	Höllenmorast	35
Bettlerbad	10	Jakabfalva (Kászon)	45
Bielz E. A. 10, 13, 14,	49	Jodhältige Säuerlinge	26
Binder Dr.	10	Jodhältige Soole	17
Bistritzer Kreis	54	Jodquellen	7
Bitterwasser	7, 61	Kalte Mineralquellen	4
Boldizsárbrunnen	40	Kaltwasser-Heilanstalt	13
Bornemiszsza Baron Johann	70	Kápolnás-Oláhfalu	47
Borszék	3, 12 39	Karlsburger Kreis	67
Broos	69	Kászon-Jakabfalva 12,	45
Brooser Kreis	71	Kellermann Dr.	16
Bugyogó	6	Kerzeschoare	2
Büdös	4, 7, 40	Kerö	63
Crantz, Herr von	14	Kéruly	1
Csik-Szent-Márton 45, 46,	50	Kezdi-Vásárhely	45
Czekelius Dr.	4	Kis-Czég	7, 61
Czifravizquelle	36	Kis-Kalán	4, 73
Deés	63	Kis-Rapolt	4
Déeser Kreis	59	Kis-Sármás	7
Ditro	42	Klausenburger Kreis	1
Dombhát-Quelle	55	Klimatologische Bemerkungen ...	3
Eisensäuerling	47, 49	Knöpfler Dr.	14
Elöpatak	12, 30	Kochsalzwässer	17
Erdiger Säuerling	51	Korond	12, 51
Erdö-Szent-György	52	Kovászna	12, 35
Felsenquelle	21	Körös-Bánya	71
Felső-Bajom	21	Kräger Dr.	10

	Seite		Seite
Kronstadt	26	Sibo	6,
Kronstädter Kreis	26	Sigmund Jos., Dr.	1
Lászlóquelle	49	Sigmundsquelle	1
Lázárbrunnen	40	Soole, jodhältige	1
Lázárfalva	6	Soolenbad	1, 5
Lobogó (Borszdék)	39	Sombor	
Lövete	1	Sós-Szent-Márton	
Ludwigsquelle	26, 27	Stahlquelle (Zaizon)	26, 2
Magyar-Lápos	59	Stammbrunnen (Elöpatak)	3
Málnás	6	Stenner Peter	10, 13, 22, 3
Maros-Vásárhelyer Kreis	51	Stickstoff	
Mediasch	12, 13, 21	Stoikafalva	3
Melas Apoth.	6	Striech Dr.	
Merkelquelle	22	Szamos-Ujvár	6
Mezöség	61	Szárhegy	4
Mócs	7, 61	Szejke	
Molkencurorte	12	Szent-György	5
Molkenanstalt (Zaizon)	28, 30	Szentkereszti, Baron	5
Moore	12	Szilágy-Somlyó	6, 6
Muriatischer Säuerling	51	Szilágy-Somlyóer Kreis	6
Müller Heinrich	6	Szováta	
Naphthahältige Quelle	51	Teich, grüner, Frauenteich	17, 1
Negoi, Berg	2	Teich, rother	17, 1
Neubrunnen (Elöpatak)		Thorda	1,
Novály	7	Tognio L.	1
Nyulas S.	14	Tököly Teich	17, 1
Oláhfalu (Kápolnás)	47	Török Dr.	6
Ölves	7	Tusnád	4, 4
Parajd	4	Tür	7, 6
Pataki Sam.	14, 15, 17, 45, 47,	Udvarhely	47, 5
	51, 59, 61, 65, 73	Udvarhelyér Kreis	3
Pokolsárbad	35	Uj-Tusnád	4
Reps	1, 6	Vajnafalva	3
Rodna	12, 54	Vajnafalvaer Quelle	3
Rohrbach	4, 5	Vale-Vinulein Quelle	5
Rosaliabad	69	Versendung der Wässer	8
Salinisch erdige Thermen	71	Verestó	17, 1
Salinische Schwefelquelle	63	Vizakna	1
Salzburg	4, 17	Wagner L.	1
Salzteiche	17	Waldquelle (Borszék)	4
Sárosquelle (Borszék)	40	Warme Quellen	4
Schnell Peter 13, 17, 26, 30, 69, 71		Weintraubencurorte	12, 1
Schwarz Dr.	6	Zaizon	3, 12, 2
Schwefelwässer	4	Zovány	6, 6
Sepsi-Szent-György	35		

Druck und Papier von Leopold Sommer in Wien.